Kristina Striegl

Computerspiele und Computerspielabhängigkeit

Subjektive Theorien von Computerspielern

Diplomica Verlag GmbH

Striegl, Kristina: Computerspiele und Computerspielabhängigkeit: Subjektive Theorien von Computerspielern. Hamburg, Diplomica Verlag GmbH 2015

Buch-ISBN: 978-3-95934-722-8
PDF-eBook-ISBN: 978-3-95934-222-3
Druck/Herstellung: Diplomica® Verlag GmbH, Hamburg, 2015
Covermotiv: © pixabay.com

Bibliografische Information der Deutschen Nationalbibliothek:
Die Deutsche Nationalbibliothek verzeichnet diese Publikation in der Deutschen Nationalbibliografie; detaillierte bibliografische Daten sind im Internet über http://dnb.d-nb.de abrufbar.

Das Werk einschließlich aller seiner Teile ist urheberrechtlich geschützt. Jede Verwertung außerhalb der Grenzen des Urheberrechtsgesetzes ist ohne Zustimmung des Verlages unzulässig und strafbar. Dies gilt insbesondere für Vervielfältigungen, Übersetzungen, Mikroverfilmungen und die Einspeicherung und Bearbeitung in elektronischen Systemen.

Die Wiedergabe von Gebrauchsnamen, Handelsnamen, Warenbezeichnungen usw. in diesem Werk berechtigt auch ohne besondere Kennzeichnung nicht zu der Annahme, dass solche Namen im Sinne der Warenzeichen- und Markenschutz-Gesetzgebung als frei zu betrachten wären und daher von jedermann benutzt werden dürften.

Die Informationen in diesem Werk wurden mit Sorgfalt erarbeitet. Dennoch können Fehler nicht vollständig ausgeschlossen werden und die Diplomica Verlag GmbH, die Autoren oder Übersetzer übernehmen keine juristische Verantwortung oder irgendeine Haftung für evtl. verbliebene fehlerhafte Angaben und deren Folgen.

Alle Rechte vorbehalten

© Diplomica Verlag GmbH
Hermannstal 119k, 22119 Hamburg
http://www.diplomica-verlag.de, Hamburg 2015
Printed in Germany

Inhaltsverzeichnis

1. Zielstellung der Studie 4

2. Festlegung des theoretischen Begriffsrahmens 6
   2.1 Computerspielsucht 6
     2.1.1 Was sagt die Wissenschaft? 6
     2.1.2 Definition für dieses Buch 9
   2.2 Subjektive Theorien 10
     2.2.1 Das Menschenbild 11
     2.2.2 Definition nach Groeben 12
     2.2.3 Definition nach König 13
     2.2.4 Definition für dieses Buch 14
   2.3 MMORPG 15

3. Studien zum Forschungsgegenstand Computerspielsucht 16
   3.1 Allgemeiner Überblick zu Studien über Computerspielsucht 16
   3.2 Darstellung der Studien 16
   3.3 Die Studie „Subjektive Theorien über Alkoholismus" 27
     3.3.1 Wieso wird eine Studie über Alkoholismus vertieft vorgestellt? 27
     3.3.2 Die Vorstellung der Studie 28

4. Forschungsmethodisches Design 31
   4.1 Auswahl und Begründung der gewählten Forschungsmethodik ... 31
   4.2 Einführung in die Qualitative Sozialforschung 32
     4.2.1 Überblick über das Qualitative Interview 34
     4.2.2 Das Konstrukt-Interview 35
   4.3 Entwicklung des eigenen Forschungsdesigns 41
     4.3.1 Festlegung des Untersuchungsziels und des Verwendungszwecks 41
     4.3.2 Festlegung der Grundgesamtheit und Stichprobe 41
     4.3.3 Entwicklung und Begründung des Leitfadens 41
     4.3.4 Probeinterview 42
     4.3.5 Endgültige Festlegung des Leitfadens 43
   4.4 Durchführung der Hauptinterviews 44
     4.4.1 Phasen der Durchführung 44
     4.4.2 Anmerkungen zu den Interviews 45
     4.4.3 Methodische Reflexion eines Hauptinterviews 46

5. Auswertung und Darstellung der zentralen Ergebnisse 48
  5.1 Die Qualitative Inhaltsanalyse als Auswertungsmethodik *48*
    5.1.1 Die qualitative Inhaltsanalyse 48
    5.1.2 Die strukturierende Inhaltsanalyse 51
  5.2 Entwicklung des eigenen Auswertungsdesigns *52*
    5.2.1 Bestimmung des Ausgangsmaterials 52
    5.2.2 Fragestellung der Analyse 53
    5.2.3 Ablaufmodell der Analyse 53
  5.3 Inhaltliche Auswertung der Ergebnisse *61*
    5.3.1 Subjektives Konstrukt „World of Warcraft" 61
    5.3.2 Subjektive Diagnosehypothesen 61
    5.3.3 Subjektive Erklärungshypothesen 67
    5.3.4 Subjektive Strategien 70
  5.4 Zusammenfassung der zentralen Ergebnisse *75*

6. Interpretation der Ergebnisse und Konsequenzen 77
  6.1 Interpretation der zentralen Ergebnisse *77*
    6.1.1 Merkmale von Computerspielsucht 77
    6.1.2 Ursachen von Computerspielsucht 79
    6.1.3 Strategien gegen Computerspielsucht 82
  6.2 Pädagogische Konsequenzen *84*
    6.2.1 Zielgruppenorientierte Konsequenzen 84
    6.2.2 Präventions-Seminar für Eltern 86
    6.2.3 Offene Fragen // Ausblick 90

7. Literaturverzeichnis 91

8. Anhang 95
  Interview mit Wuzzi 95

1. Zielstellung der Studie

Fernsehen, Handy und Computer sind integrale Bestandteile der modernen Kinderzimmer und nicht mehr aus ihnen wegzudenken. Gerade Computer und Videospiele nehmen in der Welt der Kinder und Jugendlichen immer häufiger eine zentrale Rolle ein. In der Literatur finden sich Angaben, dass elfjährige Schüler und Schülerinnen unter der Woche durchschnittlich eine Stunde täglich am PC spielen, wobei die tägliche Spieldauer mit dem Alter der Kinder und Jugendlichen steigt – vor allem bei Jungen (Wölfling, Psychiatrische Praxis 2007, S. 5).

Massively Multiplayer Online Role-Playing Game (MMORPG) sind spezielle Videospiele, die ausschließlich über das Internet spielbar sind. Sie gehören in das Genre der Computer-Rollenspiele, bei dem gleichzeitig mehrere tausend Spieler eine persistente, virtuelle Welt bevölkern können. Diese Art der Computerspiele ist eigentlich nicht neu, denn sie existiert schon seit Anfang der 90er Jahre, aber ihre Popularität hat in den letzten Jahren exorbitant zugenommen und schwappte erst vor wenigen Jahren von Japan und den USA nach Deutschland. Die bekanntesten MMORPGs in Deutschland sind Everquest, Final Fantasy und World of Warcraft.

Seit ein paar Jahren wird in der Wissenschaft das exzessive Computerspielen untersucht. Neben den körperlichen Auswirkungen exzessiver Computernutzung diskutieren die Wissenschaftler auch psychische Folgen. In Deutschland ist diese Forschung gerade erst im Aufbau, weswegen erst wenige Studien dieses Phänomen untersucht haben.

Was bedeutet in diesem Zusammenhang „exzessiv"? Eine erste Erhebung an 540 Nutzern des Online-Rollenspiels Everquest durch Griffith (Griffith, Journal of Adolescence 2004/27, S. 87-96) ergab, dass die durchschnittliche wöchentliche Gesamtspieldauer 25 Stunden betrug. Immerhin 9% der Befragten gaben an, durchschnittlich mehr als 50 Wochenstunden im Spiel zu sein. Dabei vernachlässigten die Jugendlichen im Vergleich zu erwachsenen Spielern signifikant häufiger Schule oder Beruf.

Diese Zahlen stimmen bedenklich, da sie im Vergleich zu den Studien von normalen Videospielen einen hohen Prozentsatz an exzessiven Computerspielern belegt.

Ich spiele seit Mai 2007 selber regelmäßig „World of Warcraft" und habe mir ein Bild von dem Spiel und seinen Spielern machen können. Am eigenen Leib habe ich mitbekommen, wie sich schleichend die Onlinezeiten erhöhten und es schwierig wurde auszuloggen. In diesem Zusammenhang stelle ich mir die Frage, wie andere Spieler Computerspielsucht wahrnehmen. Wissen sie, woran sie mögliche Züge einer Computerspielsucht bei sich und anderen erkennen können? Was tun sie, um ihr Spielverhalten im normalen Rahmen zu halten?

Ziel dieser Studie ist, die Subjektiven Theorien von Computerspielern über Computerspiele und Computerspielsucht am Beispiel des MMORPG World of Warcraft zu untersuchen.

Mit den Ergebnissen dieser Untersuchung möchte ich Spieler unterstützen, damit sie die Kontrolle über ihr Spiel behalten.

Dieses erste Kapitel, die Einleitung, dient der allgemeinen Orientierung.

Im zweiten Kapitel werde ich die dieser Studie zugrunde liegenden Begriffe klären. Ich werde zunächst den Begriff der Computerspielsucht erläutern und daran anschließend zwei Definitionen von Subjektiven Theorien vorstellen, um anschließend meine Arbeitsdefinitionen zu erläutern. In einem weiteren Unterkapitel werde ich einen kurzen Überblick geben, was ein MMORPG ist.

Im dritten Kapitel beschäftige ich mich mit vorhandenen Studien rund um meine Fragestellung und gebe einen Überblick über den aktuellen Forschungsstand.

Im vierten Kapitel entwickele ich mein Forschungsdesign, indem ich mir zunächst einen Überblick über mögliche Vorgehensweisen zu meiner Fragestellung verschaffe und anschließend, darauf beruhend, eine Forschungsmethodik wähle und begründe. Danach folgt die eigentliche Entwicklung des Untersuchungs- und des Auswertungs-Designs.

Im Kapitel 5 stelle ich die zentralen Ergebnisse meiner Untersuchung ausführlich vor und interpretiere und vergleiche sie in Kapitel 6 mit den Ergebnissen der Studien aus dem dritten Kapitel. Abschließend beschäftige ich mich mit den Konsequenzen für die pädagogische Praxis, die ich im vorherigen Kapitel herausarbeiten werde und fundiere dies mit weiterer Fachliteratur.

2. Festlegung des theoretischen Begriffsrahmens

Ziel dieses Kapitels wird es sein, zunächst einen Überblick über den in der Forschung verwendeten Begriff der „Computerspielsucht" zu geben, und auf dieser Grundlage das eigene Verständnis über den Begriff der Computerspielsucht als Arbeitsdefinition festzulegen (Kap. 2.1). Anschließend wird der Begriff der „Subjektive Theorien" anhand des Konzepts von Groeben und das von König näher erläutert und ebenfalls eine für diese Studie geeignete Definition expliziert (Kap. 2.2). In Kapitel 2.3 wird abschließend ein kurzer Überblick darüber gegeben, was ein „MMORPG" ist.

2.1 Computerspielsucht

2.1.1 Was sagt die Wissenschaft?

Das exzessive Computerspielen wird in der Wissenschaft als eine Form von Verhaltensucht beschrieben und als Computerspielsucht benannt. Es gilt also zunächst einmal zu klären, was eine Verhaltenssucht ist:

> „Bei der nichtstoffgebundenen Sucht, der Verhaltenssucht, werden keine bewusstseinsverändernden (psychotropen) Substanzen von außen zugeführt oder eingenommen; der gewünschte, als Belohnung empfundene psychotrope Effekt (Kick-Erleben, Entspannung, Ablenkung) stellt sich durch körpereigene, biochemische Veränderungen ein, die durch bestimmte exzessiv durchgeführte Verhaltensweisen ausgelöst werden. Gemeinsames Merkmal der verschiedenen Formen der Verhaltenssucht ist somit die exzessive Ausführung des Verhaltens, also eine Ausführung über das normale Maß hinaus."
> (Grüsser 2006, S. 21f.)

Die Wissenschaft differenziert zwischen stoffgebundener und stoffungebundener Sucht. Die Verhaltenssucht ist im Gegensatz zum Alkoholismus oder der Drogensucht nicht auf von außen zugeführte Substanzen angewiesen wie Alkohol oder Heroin. Der die Psyche beeinflussende Effekt wird durch körpereigene Endorphine hervorgerufen, die durch das exzessive Ausführen des Verhaltens im Limbischen System im Gehirn stimuliert werden. (Vgl. Gross, Suchtmed 6/2004, S. 148)

Verhaltensucht ist eine Bezeichnung für exzessive Verhaltensweisen, die Merkmale einer psychischen Abhängigkeit aufweisen. In die Kategorie stoffungebundener Süchte fallen beispielsweise Arbeitsucht, Kaufsucht, Pathologisches Spielen (Glücksspielsucht), Sportsucht und Sexsucht, sowie Medienabhängigkeiten wie

Internetabhängigkeit, Computerspielsucht, Fernsehabhängigkeit, Handyabhängigkeit). (Vgl. Grüsser 2006, S. 24; Vgl. Gross, Suchtmed 6/2004, S. 148) In die gängigen internationalen Klassifikationssysteme für psychische Störungen (z.B. der *International Classification of Diseases* [kurz: ICD-10] oder das *Diagnostic and Statistical Manual of Mental Disorders* [kurz: DSM-IV-TR] ist das Störungsbild der Verhaltenssucht bislang noch nicht eingegangen.

> *„Diese Klassifikationssysteme dienen dazu, anhand der dort aufgelisteten und beschriebenen Merkmale beziehungsweise Kriterien die verschiedenen Störungen allgemeinverbindlich erkennen und diagnostizieren zu können." (Grüsser 2006, S. 23)*

Aus dem Gebiet der Verhaltenssucht ist zur Zeit nur eine einzige in die Klassifikation eingeflossen, das *Pathologische (Glücks-)Spiel*. Es befindet sich in einer Art Restkategorie *Abnorme Gewohnheiten und Störungen der Impulskontrolle*, sie wird nicht in die Kategorie der Abhängigkeitserkrankungen eingeordnet. Zwar wurde 2007 ein Fachkollegium auf Initiative des American Medical Assocation [kurz: AMA] eingerichtet, das den Bedarf einer Aufnahme der Computer- und Videospielsucht prüfen sollte, aber als Ergebnis forderte es nur die forcierte Durchführung von empirischen Untersuchungen zum Symptombild. (http://articles.latimes.com/2007/jun/25/business/fi-games25) Frühestens 2012 kann dieses Störungsbild in die DSM aufgenommen werden. (Vgl. Wölfling, Psychotherapeutenjournal 2/2008, S. 130)

> *"Es ist also gegenwärtig nur möglich, die verschiedenen Formen der Verhaltenssucht in Anlehnung an die Einordnung des „Pathologischen (Glücks-) Spiels zu diagnostizieren."*
> (Grüsser 2006, S. 23)

Aufgrund der sehr ähnlichen Merkmale und Kriterien zur Substanzabhängigkeit und des krankhaften (Glücks-) Spiels sehen diese Forscher ebenfalls parallele Kriterien zum exzessiv durchgeführten Verhalten wie bei der Computerspielsucht. Diese Annahme wird in vielen empirischen Forschungen als Grundlage für die Definition zur Computerspielsucht benutzt (Vgl Grüsser 2006, S. 31).

Grüsser und Thalemann haben anhand der international gültigen Diagnosekriterien für Substanzabhängigkeit einen Kriterienkatalog für die Computerspielsucht entwickelt.

> *„Daher ist es in den wissenschaftlichen Studien zum Thema des exzessiven Computerspielens üblich, solch ein krankhaftes Computerspielverhalten mit den international gültigen Diagnosekriterien für Substanzabhängigkeit aus den oben erwähnten Diagnosemanualen zu beschreiben und über diese Kriterien das exzessive Computerspielen*

dann als eine Suchtstörung zu definieren. Nach Griffith und Davis kann jede Verhaltensweise, welche die Hauptkriterien (core components) einer (Substanz-) Abhängigkeit erfüllt, als Verhaltenssucht definiert werden." (Grüsser 2006, S. 31)

Merkmale und Kriterien der Computerspielsucht (Vgl. Grüsser 2006, S. 32)

- **Einengung des Verhaltensmusters**: Durch die herausragende Bedeutung wird das Computerspielen zur wichtigsten Aktivität des Betroffenen und dominiert sein Denken (**andauernde gedankliche Beschäftigung**, auch **verzerrte Wahrnehmung** und Gedanken in Bezug auf das Computerspielen), seine Gefühle (unstillbares **und unwiderstehliches Verlangen**) und sein Verhalten (**Vernachlässigung sozial erwünschter Verhaltensweisen**)

- **Regulation von negativen Gefühlszuständen** (Affekten): Durch die beim Computerspielen verspürte Erregung (**Kick- oder Flow-Erlebnisse**) oder Entspannung („Abtauchen") werden negative affektive Zustände im Sinne einer vermeidenden Stressbewältigung verdrängt.

- **Toleranzentwicklung**: Die gewünschte Wirkung durch das Computerspielen kann nur durch zunehmend häufigere und längere Computerspielzeiten (möglicherweise auch durch immer extremere Spielinhalte) erzielt werden, bei gleich bleibenden Spielzeiten bleibt der gewünschte affektregulierende Nutzen vom Computerspielen aus.

- **Entzugserscheinungen**: Bei verhindertem oder reduziertem Computerspielen treten diese in Form von Nervosität, Unruhe und/ oder vegetativer Symptomatik (Zittern, Schwitzen etc.) auf.

- **Kontrollverlust**: Das Computerspielverhalten kann in Bezug auf zeitliche Begrenzung und Umfang nicht mehr kontrolliert werden.

- **Rückfall**: Nach Zeiten der Abstinenz oder Phase kontrollierten Computerspielverhaltens kommt es beim Betroffenen zu einer Wiederaufnahme des unkontrollierten, exzessiven Computerspielens.

- Durch **eindeutig schädliche Konsequenzen für Beruf, soziale Kontakte und Hobbys** aufgrund des exzessiven Computerspielens kommt es zu zwischenmenschlichen Konflikten zwischen Betroffenem und der sozialen Umwelt beziehungsweise innerpsychischen Problemen beim Betroffenen.

In ihren Untersuchungen benutzen Grüsser und Thalemann immer ihren eigens entwickelten Kriterienkatalog. Es müssen von den Probanden alle sieben Kriterien erfüllt sein, um zur Gruppe der exzessiven Computerspieler gezählt zu werden, wobei Grüsser betont, dass die Hürde vergleichsweise hoch angesetzt sei. (Vgl. Grüsser 2006, S. 34) Sie kritisiert aber, dass diese formalen Kriterien *„nur für eine erste Abschätzung der pathologischen (krankhaften) Ausprägungsform eines individuellen Computerspielverhaltens herangezogen werden können; ohne persönliches Gespräch und Hintergrundwissen zur Lebenssituation des Betroffenen sowie Informationen darüber, welche Funktion das Computerspielen für den Betroffenen bekommen hat, sollte die Diagnose Computerspielsucht nicht gestellt werden."* (Grüsser 2006, S. 36)

Drewes spricht noch einen weiteren Aspekt der Computerspielsucht an, den Verursacher:

„Was den Suchtaspekt der Computernutzung betrifft, so wird wie bei allen exzessive betriebenen Tätigkeiten, denen Suchtcharakter beigemessen wird, das Medium als Verursacher gesehen. Das Medium selbst kann jedoch allenfalls das Erscheinungsbild einer möglichen Krankheit prägen, die Ursachen liegen in den Kranken selbst." (Drewes, D.: Fernsehen, Internet & Co. Wie Kinder Medien sinnvoll nutzen können. Augsburg 2002, S. 72)

Drewes erklärt, dass nicht das Computerspiel selber der Verursacher der Sucht ist, sondern lediglich eine mögliche Ausdrucksform. Die eigentliche Krankheit liegt in dem Betroffenen selber. Würde man einem Computerspielsüchtigen den Zugang zum Spiel verwehren, würde er seine Sucht woanders ausleben, z.B. auf der Videospielkonsole, dem Handy oder im Fernsehen.

2.1.2 Definition für diese Studie

Die Computerspielsucht ist eine Unterform der nichtstoffgebundenen Sucht (Verhaltenssucht) und zählt zu den Impulskontrollstörungen. Der belohnende Effekt stellt sich durch körpereigene, biochemische Veränderungen ein, die durch das exzessive Computerspielen ausgelöst werden. Das Computerspiel ist jedoch nicht der Verursacher der Computerspielsucht, sondern lediglich eine Erscheinungsform. Die Ursachen liegen in den Betroffenen selbst.

Als computerspielsüchtig gilt, wer die folgenden sieben Kriterien erfüllt:

- Einengung des Verhaltens:
  - andauernde gedankliche Beschäftigung mit dem Spiel
  - verzerrte Wahrnehmung und Gedanken in Bezug auf das Computerspiel
  - unstillbares und unwiderstehliches Verlangen nach dem Spiel
  - Vernachlässigung sozial erwünschter Verhaltensweisen
- Regulation von negativen Gefühlen (vermeidende Stressbewältigung)
- Toleranzentwicklung (gleicher Effekt nur bei zunehmend häufigeren und längeren Computerspielzeiten, Ausbleiben des Effekts bei gleich bleibendem Konsum)
- Entzugserscheinungen (Nervosität, Unruhe, vegetative Symptome (z.B. Schwitzen, Zittern)
- Kontrollverlust (zeitliche Begrenzung und Umfang des Spielens)
- Rückfall
- Eindeutig schädliche Konsequenzen für Beruf, soziale Kontakte und Hobbys

Diese Kriterien bilden ein erstes Indiz für die Diagnose Computerspielsucht, jedoch sollte diese nicht ohne genaue Kenntnis der persönlichen Lebenssituation des Betroffenen und die genaue Funktion des Computerspiels für den Betroffenen gestellt werden.

2.2 Subjektive Theorien

‚Subjektive Theorien' beschreibt ein Konzept, mit dem - ähnlich wie bei wissenschaftlichen Theorien, eine Person einen Sachverhalt beschreibt und erfasst. Es wird angenommen, dass Menschen im Alltag ebenso wie Wissenschaftler versuchen, die Welt um sich herum zu verstehen und zu erklären. Diese Theorien können auch Wenn-dann-Schlussfolgerungen (Hypothesen) beinhalten, die an der Wirklichkeit geprüft und entweder für wahr oder falsch befunden werden können. Subjektive Theorien sind nicht auf andere Personen übertragbar, denn mit ihnen erklärt die Person ihr Erleben und ihre Umwelt aus ihrer ganz persönlichen Sicht.

Zunächst werden die Menschenbildannahmen vom Forschungsprogramm Subjektive Theorien (kurz: FST) von Groeben herausgearbeitet, um ein Vorverständnis für die daran anschließenden Definition des Begriffes ‚Subjektive Theorien' nach Groeben bzw. König aufzubauen.

2.2.1 Das Menschenbild

Groeben u.a. haben ein „Forschungsprogramm Subjektive Theorien" entwickelt, um diese Subjektiven Theorien erfassen und verstehen zu können. Das FST setzt sich programmatisch vom behavioristischen Forschungsansatz ab (Barthels 1991 S. 72), das ein nicht-autonomes, umweltkontrolliertes Subjekt als Menschenbild zur Grundlage hat. Vielmehr legen Groeben u.a. das Gegenmodell von Kelly (1955, S. 3 ff.) zu Grunde, wonach der Mensch ein Wissenschaftler ist, der sich seine Welt „konstruiert". Der Mensch ist ein reflexives Subjekt, das mit Hilfe von seinen individuellen Konstrukten die Welt versteht und erklärt.

Das daraus resultierende „epistemologische Subjektmodell" steht im FST im Mittelpunkt. Es umfasst die Fähigkeit des Menschen zur Reflexivität und zur sprachlichen Kommunikation (Vgl. Groeben 1988, S. 16., Vgl. Barthels 1991, S. 73).

> *„Das Subjekt-Modell des handlungsfähigen Menschen enthält daher Merkmale wie Intentionalität, Entscheidungsfähigkeit zwischen Handlungsalternativen, Planung von Handlungsabläufen, Sprach- und Kommunikationsfähigkeit nicht nur als Beschreibungs- und Zieldimension des Erkenntnisgegenstandes, sondern versucht diese Merkmale auch im Forschungsprozess zu realisieren, das heißt die Sprach- und Kommunikationsfähigkeit des menschlichen Erkenntnis-Objekts in der Psychologie nicht zu eliminieren bzw. zu vernachlässigen, sondern als Ausgangspunkt und Grundlage der Forschungsstruktur einzuführen."* (Groeben 1988, S. 15.)

Das FST versucht diesen Kommunikationsschritt – zu fragen wie der Akteur sein Handeln ‚gemeint' hat – in die wissenschaftliche Forschungsstruktur zu integrieren.

Die zentrale Prämisse des epistemologischen Subjektmodells besteht in der Strukturparallelität von Erkenntnissubjekt und Erkenntnisobjekt. (Vgl. Groeben 1988, S. 17)

> *„Da für den Wissenschaftler die Schaffung, Prüfung und Anwendung von Theorien den Mittelpunkt seines Handelns ausmacht, impliziert das die Frage bzw. das Postulat, ob und wie der ‚Alltagsmensch' parallele Strukturen schafft, prüft und anwendet, die wir in Absetzung von den auf Intersubjektivität abzielenden wissenschaftlichen Theorien ‚Subjektive Theorien' nennen wollen."* (Groeben 1988, S. 17)

2.2.2 Definition nach Groeben

Groeben grenzt den Begriff ‚Subjektive Theorien' von dem Begriff ‚Kognitionen' ab. Er begründet dies damit, dass der Begriff ‚Kognition' ein sehr umfassender Sammelbegriff sei und daher zu unpräzise, zu weit gefasst und zu schwammig. (Groeben 1988, S. 17f.). Er plädiert für eine Binnenstrukturierung, wonach das Konstrukt ‚Subjektive Theorien' eine Spezifizierung darstellt.

„*... denn damit sind auf jeden Fall komplexere Aggregate von Konzepten gemeint, deren Struktur und Funktion in Parallelität zu wissenschaftlichen Theorien konzipiert bzw. postuliert werden.*" (Groeben 1988, S. 18)

Groeben stellt eine enge und eine weiter gefasste Definition vor. Die weiter gefasste Variante lautet:

„*Kognitionen der Selbst- und Weltsicht,*
als komplexes Aggregat mit (zumindest impliziter) Argumentationsstruktur,
das auch die zu objektiven (wissenschaftlichen) Theorien parallelen Funktionen
der Erklärung, Prognose, Technologie erfüllt." (Groeben 1988, S. 19)

Als Inhalte Subjektiver Theorien gelten subjektive Konstrukte (Begriffe), subjektive Definitionen, subjektive Erklärungen, subjektive Prognosen und subjektive Technologien (Groeben 1988, S. 47ff.)

Groeben definiert Kognitionen als einfache Phänomene „*etwa Begriffe, die das Individuum erwirbt, Konzepte, die mehr oder weniger abstrakt sein können, aber doch in der Regel keine sehr komplexen oder komplizierten Relationen zwischen einzelnen Teilen (der Konzepte) enthalten.*" (Groeben 1988, S. 17f.) In seinen späteren Ausführungen nennt er folgendes Beispiel:

„*Der Lehrer hat die Hypothese: Wenn der Stoff langatmig ist und nichts Neues enthält, dann lässt die Aufmerksamkeit der Schüler stark nach.*" (Groeben 1988, S. 55)

Der Begriff ‚Aufmerksamkeit' wird von dem Lehrer als subjektives Konstrukt im Sinne einer Kognition der Selbst- und Weltsicht verwendet. Dieses Beispiel beschreibt zugleich auch das zweite Definitionsmerkmal des komplexen Aggregats mit Argumentationsstruktur. Der Lehrer benutzt eine Wenn-Dann-Hypothese, also ein Schlussverfahren. Groeben sagt diesbezüglich:

„*Dazu gehören auf jeden Fall alle generellen Sätze, die aus vorliegenden Prämissen Schlussfolgerungen abzuleiten gestatten: z.B. ‚Wenn eine Frau sich schminkt, dann will sie auch beachtet werden.' Oder: ‚Wenn eine Frau sich schminkt, dann tut sie das aus selbstbezogenem, -genügsamem Narzissmus'."* (Groeben 1988, S. 18)

Das dritte Definitionsmerkmal zielt auf die bereits weiter oben postulierte Strukturparallelität ab. Der Lehrer erklärt auf der Basis seines Schlussverfahrens das Verhalten der Schüler oder eines bestimmten Schülers. Zum Beispiel könnte eine mögliche Erklärung sein, dass der Schüler unaufmerksam ist, weil der Stoff langatmig ist und nichts Neues enthält. Als Prognose wäre denkbar, dass der Schüler immer unaufmerksam ist, wenn der Stoff langatmig ist. Die Technologie wäre dann, dass man den Schüler dann unaufmerksam werden lassen kann, wenn der Stoff langatmig ist und nichts Neues enthält.

Groeben nennt dies die weit gefasste Variante des Konzepts ‚Subjektive Theorien', weil hierunter eine Vielzahl an Ansätzen gefasst werden können, die nicht explizit unter die Konzeption des FST fallen. Als Beispiele führt Groeben die ‚personal construct'-Theory von Kelly (1955) genauso an wie die ‚implizite Persönlichkeitstheorie'. (Vgl. Groeben 1988, S. 19f.)

Die enger gefasste Variante enthält zusätzliche Definitionsmerkmale:

„Kognitionen der Selbst- und Weltsicht,
die im Dialog-Konsens aktualisier- und rekonstruierbar sind
als komplexes Aggregat mit (zumindest impliziter) Argumentationsstruktur,
das auch die zu objektiven (wissenschaftlichen) Theorien parallelen Funktionen
der Erklärung, Prognose, Technologie erfüllt,
deren Akzeptierbarkeit als ‚objektive' Erkenntnis zu prüfen ist." (Groeben 1988, S. 22)

Durch diese Definition fallen – in Bezug auf die erste Variante – alle Modelle weg, die keinen Dialog-Konsens bei der Erhebung beinhalten und eine andere Methode der Überprüfung der Ergebnisse Subjektiver Theorien wählen.

2.2.3 Definition nach König

König baut auf der weiten Begriffsdefinition von Groeben auf, verwendet jedoch abgeänderte Begriffe (König, Volmer 1997, S. 141):

- *Subjektive Konstrukte* sind relevante Begriffe, die die betreffende Person verwendet in Bezug auf eine bestimmte Situation.
  Beispiel: Eine Lehrerin verwendet für das Verhalten eines Schülers das Konstrukt „stört", ein anderer Lehrer würde eventuell eher das Konstrukt „überfordert" oder

„Provokation" verwenden. (König, Zedler 2002, S. 157)

"D.h. Konstrukte sind dann „relevant", wenn sie von dem Betreffenden zur Diagnose und Erklärung der Situation und für die Diskussion von Strategien herangezogen werden." (König, Volmer 2002, S. 142)

- *Subjektive Diagnosehypothesen* entstehen dann auf der Basis der Subjektiven Konstrukte, indem die Situation diagnostiziert wird. Sie sind also Beschreibungen und Deutungen von einzelnen Personen, ganzen Systemen und Situationen, die häufig auch Bewertungen enthalten.
  Bezogen auf das Beispiel oben, wären die Subjektiven Diagnosehypothesen: "Der Schüler stört den Unterricht.", „Der Schüler ist überfordert." Und „Der Schüler will nicht provozieren."

- *Subjektive Ziele* "*sind diejenigen Ziele, die eine Person für sich persönlich als wichtig ansetzt.*" (König, Zedler 2002, S. 157)
  Bezogen auf das Beispiel: „Mir ist es wichtig, dass die Schüler sich soweit als möglich frei entfalten können!"

- *Subjektive Erklärungshypothesen* sagen aus, was die betreffende Person als Ursache für eine Situation ansieht. Es handelt sich um (zum Teil umformulierte) Wenn-dann-Hypothesen.
  Auf das Beispiel bezogen: „Weil Peter mich provozieren will, stört er den Unterricht immer wieder."

- *Subjektive Strategien* "*sind subjektive Annahmen über geeignete Mittel zur Erreichung von Zielen."* (König, Volmer 1997, S. 143)
  Auf das Beispiel bezogen: „Um Peter zur Mitarbeit zu bewegen, muss er viel gelobt werden!"

König definiert: „Die Subjektiven Theorien des Interviewpartners zu erfassen, bedeutet somit, die von ihm zugrunde gelegten Konstrukte, seine Diagnosehypothesen, Ziele, Erklärungshypothesen und subjektiven Strategien zu klären."

2.2.4 Definition für dieses Buch

Aufgrund der zu starken Einengung an Methoden durch die engere Begriffsexplikation, wird für die vorliegende Studie auf die weite von Groeben definierte Variante zurückgegriffen und um die Unterteilung von König erweitert.

"Kognitionen der Selbst- und Weltsicht, als komplexes Aggregat mit (zumindest impliziter) Argumentationsstruktur, das auch die zu objektiven (wissenschaftlichen) Theorien parallelen Funktionen der Erklärung, Prognose, Technologie erfüllt." (Groeben 1988, S. 19) Inhaltliche Bestandteile der Subjektiven Theorien sind Subjektive Konstrukte, Subjektive Diagnosehypothesen, Subjektive Ziele, Subjektive Erklärungshypothesen und Subjektive Strategien, die es zu erfassen gilt.

2.3 MMORPG

Massively Multiplayer Online Role-Playing Game [kurz: MMORPG] bedeutet übersetzt Massen-Mehrspieler-Online-Rollenspiel. Diese Art von Computerspielen wird ausschließlich über das Internet gespielt, indem tausende von Spielern eine persistente, virtuelle Welt bevölkern, in dem jeder einen eigenen Charakter (Avatar genannt) in der künstlichen Spielwelt steuert. (Vgl. Kaminski 2006, S. 133f.; Vgl. Hesse 2007, S. 127) Der Schwerpunkt bei einem MMORPG liegt bei der Interaktion zwischen den Spielern und der Interaktion in der eignen Gilde.

"Dabei schließen sich Gruppen von bis zu 50 und mehr Spielern in einer Gilde zusammen, die sich regelmäßig in einer virtuellen Spielwelt treffen, gemeinsam Aufgaben erfüllen und gegen übermächtige Ungeheuer zu Felde ziehen." (Hesse 2007, S. 127)

Wie in offline gespielten Computerrollenspielen üblich, verbessert sich der eigene Avatar durch das Erfüllen von Aufgaben („Quests" genannt) oder das Töten von Monstern und anderen vom Computer gesteuerten Gegnern (im MMORPG-Jargon „Mobs" genannt, abgeleitet von dem Wort „mobile objects") (Vgl. http://de.wikipedia.org/wiki/Mob). Durch die dadurch erhaltenen Erfahrungspunkte und Belohnungen in Form von virtuellem Geld und Ausrüstungsgegenständen (im Jargon „items" genannt), wird der Avatar leistungsfähiger und stärker.

Die Betreiberfirmen sind fortwährend mit der Weiterentwicklung dieser Welten beschäftigt, weswegen neben dem Kaufpreis des Computerspiels in den meisten Fällen eine monatliche Nutzungsgebühr (ca. 10-22 Euro) erhoben wird, um online spielen zu können.

Eines der bekanntesten und erfolgreichsten MMORPGs ist World of Warcraft [kurz: WoW], welches 2004 von Blizzard Entertainment auf den Markt gebracht wurde. Die aktuellste Meldung aus Dezember 2008 spricht von 11,5 Millionen Abonnenten weltweit. (Blizzard Entertainment, Artikel vom 23.12.2008: http://eu.blizzard.com/de/press/081223.html)

3. Studien zum Forschungsgegenstand Computerspielsucht

In diesem Kapitel wird es darum gehen, einen aktuellen Überblick über den Forschungsgegenstand der Computerspielsucht zu geben. Die Problematik der Computerspielsucht ist erst in den letzten Jahren in den Mittelpunkt der Forschung und der Medien gerückt, so dass sich dieser Zweig erst im Aufbau befindet und es noch vergleichsweise wenig aussagekräftige Ergebnisse gibt. Der englischsprachige Forschungsraum ist dem deutschsprachigen sogar ein paar Jahre voraus, sodass man sagen kann, dass die deutschen Studien gerade erst im Anfangsstadium ihrer Forschung sind. (Vgl. Grüsser, Wiener klinische Wochenschrift, 117/2005, S. 194; Vgl. Wölfling, Psychiatrische Praxis, 2007, Nov 20, S. 1, [Epub ahead of print])

3.1 Allgemeiner Überblick zu Studien über Computerspielsucht

Aufgrund der Tatsache, dass die Forschung noch in den Kinderschuhen steckt und erst einmal quantitative Basisdaten gesammelt und ausgewertet werden (zumeist Survey-Studien), um das Feld erst einmal grundsätzlich abzustecken, existiert nur wenig qualitatives Forschungsmaterial zum Forschungsgegenstand, das in diesem Kapitel präsentiert werden kann. Es konnte keine einzige Studie recherchiert werden, die sich mit Subjektiven Theorien zur Computerspielsucht beschäftigt.

Im Weiteren werden vorwiegend quantitative Studien den Grundstock des aktuellen Forschungsüberblicks bilden. Einzige Ausnahme ist eine qualitative Studie über „Subjektive Theorien über Alkoholismus". Der Grund für die Aufnahme in diese Studie ist die Ähnlichkeit zwischen Alkoholismus und Computerspielsucht. Wie bereits in Kapitel 2 zur Computerspielsucht erläutert wurde, sind beides Substanzabhängigkeiten. Somit ergibt sich eine gemeinsame Basis als Forschungsgegenstand für die weitere Studie.

3.2 Darstellung der Studien

Im Folgenden werden nun einige Studien vorgestellt, die den aktuellen Stand der Forschung zum Forschungsgegenstand näher beleuchten sollen. Neben dem forschungsmethodischen Vorgehen, welches für das eigene Forschungsdesign im nächsten Kapitel noch einmal wichtig wird, werden hier die wichtigsten Ergebnisse zusammenfassend dargestellt.

(1) Die Publikationspromotion (2008) von Ralf Thalemann, Mitarbeiter der Interdisziplinären Suchtforschungsgruppe Berlin (kurz: ISFB) befasst sich mit den Variablen exzessiver Computer- und Internetnutzung im Kindes- und Jugendalter. Ziel ist die Frage, inwieweit der Symptomkomplex bei exzessivem Computerspielen als Verhaltenssucht charakterisierbar ist. Thalemann bezieht sich in seiner Arbeit auf zuvor veröffentlichte Studien der ISFB, an denen er mitwirkte:

(1a) Grüsser, Thalemann und Albrecht (ISFB) untersuchten 2004 in ihrer Studie den Stellenwert des Computers in der Hierarchie der Freizeitverhaltensweisen bei Kindern und wollten festzustellen, ob und welche Bedürfnisse Kinder und Jugendliche durch die Computernutzung befriedigen. Die Stichprobe umfasst alle Schüler der 6. Klasse (11-14 Jahre) von insgesamt vier Berliner Grundschulen (323 Kinder). Zur Diagnose des exzessiven Computerspielverhaltens wird der standardisierte „Fragebogen zum Computerspielverhalten bei Kindern" (Thalemann et al., 2004) eingesetzt.

(1b) Grüsser, Thalemann (beide ISFB) und Griffith (Division of Psychology) veröffentlichten 2007 eine Studie, die in Kooperation mit dem Online-Magazin gaming-network entstanden war. Mittels eines Online-Fragebogens von über 7000 jungen, erwachsenen Computerspielern wurden das Ausmaß des als pathologisch einzustufenden Computerspielverhaltens und der Zusammenhang zwischen dem exzessiven Computerspielverhalten und Einstellungen zu Aggression überprüft. Zur Analyse wurden u.a. x^2-Tests, ANOVA und die Bonferroni-Methode verwendet.

(1c) Thalemann, Wölfling und Grüsser (ISBF) wollten in ihrer 2007 veröffentlichten Studie herausfinden, wie sich exzessives Computerspiel auf die Hirnaktivität auswirkt. Sie bildeten zwei Gruppen à 15 jungen, erwachsenen Computerspielern: eine mit „normalen" Computerspielern und eine zweite mit als „exzessive" eingestuften Computerspielern. Die Forscher zeigten den Probanden Fotos von neutralen Gegenständen, sowie einen Screenshot aus einem Computerspiel. Dabei wurden zwei verschiedene Hirnreaktionen untersucht: ein Elektroenzephalogramm (EEG) ermittelte die Aktivität der Gehirnströme und ein Elektromyogramm (EMG) dokumentierte auf einen lauten Knall hin den Schreckreflex (ein Messinstrument für die emotionale Bedeutung von Reizen).

(1d) Das Ziel der Folgeuntersuchung im Jahre 2007 war die Frage zu beantworten, ob und wie häufig ein psychopathologisch determiniertes Computerspielverhalten unter

Jugendlichen auftritt. Die Stichprobe bestand aus 221 Schülern der 8. Klasse aus sieben Berliner Schulen (114 Mädchen und 107 Jungen) im Alter von 13 bis 16 Jahren. Auch hier wurde wieder der standardisierte Fragebogen zum Computerspielverhalten bei Kindern (Thalemann et al., 2004) in einer revisierten Fassung eingesetzt, zudem ein Ängstlichkeitsfragebogen (Form A) des Kinder-Angst-Tests-II (KAT II).

(2) Das Zentrum für empirische pädagogische Forschung (kurz: zepf) hat im Rahmen eines Projekts der Universität Koblenz-Landau, Kinder und Jugendliche in Bezug auf ihr Computerspielverhalten und mehrerer persönlicher Merkmale befragt, bei denen angenommen wird, dass sie in Zusammenhang mit pathologischer Computerspielnutzung stehen. Die Befragung fand in der Zeit von November 2007 bis Ende Januar 2008 mittels eines Fragebogens mit 100 Fragen online statt. Insgesamt wurden ca. 700 Datensätze ausgewertet. Das Hauptaugenmerk wurde auf solche Faktoren gelegt, von denen angenommen wird, *„dass sie die Entstehung psychischer Auffälligkeiten beeinflussen bzw. verstärken."* (Jäger, Zepf-Studie, S. 3). Ziel der Studie ist es, die Bedeutung solcher Faktoren für die pathologische Computerspielnutzung zu bestimmen, um eine Grundlage für weitere Studien zu bieten und Ansatzpunkte für Prävention und Intervention bereitzustellen.

(3) Cypra veröffentlichte 2005 seine empirische Diplomarbeit zum Thema Online-Rollenspiele und seine Nutzer. Ziel der Arbeit war es zu untersuchen, wer Online-Rollenspiele spielt und welche Motive im Zusammenhang mit der Dauer des Spielkonsums stehen. Mit einem standardisierten Online-Fragebogen auf einer extra eingerichteten Webseite wurden über MMORPG-Fanseiten, Email-Einladungen und Forenpostings ca. 11.700 Online-Rollenspieler befragt. Überdies wurde ein Diskussionsforum zur Verfügung gestellt, um Ergänzungen zu dem Fragebogen zu schreiben, was 472 Einträge brachte. Die Auswertung des Fragebogens mit Likertskalen erfolgte im deskriptiven Teil über Häufigkeitsauszählungen, Mittelwertsunterschiede mit Konfidenzintervallen und im analyischen Teil bevorzugt mit Indizes.

(4) Yee veröffentliche 2002 eine Studie zu den spiel-internen, persönlichkeits-externen und situationsbedingten Faktoren von Computerspielsucht und wie sie miteinander verknüpft sind. Die Survey-Studie besteht aus einer Reihe von Online-Befragungen, die in den Jahren 2000 bis 2003 unternommen wurden. Zielgruppen

waren Spieler mehrerer Onlinecomputerspiele. Zu Beginn der jeweils nächsten Befragung wurde ihnen eine E-Mail mit dem Link zu der kommenden Befragung zugesandt. Über diese vier Jahre kamen so Daten von 30.000 Spielern zusammen. Zudem wurden die Links zu den Befragungen auf bekannten Websites veröffentlicht.

(5)   Barthels veröffentlichte 1991 eine Erkundungsstudie über Subjektive Theorien über Alkoholismus. Sein übergeordnetes Ziel war es nachzuweisen, dass das FST im Suchtbereich nicht unbrauchbar ist. An der Studie nahmen 20 Männer teil (10 Exalkoholikern mit Therapieerfolg und 10 Männern, die nach der Therapie weiter tranken oder rückfällig wurden), die laut Prognose alle nach der Therapie abstinent bleiben sollten. Folgende Fragen galt es zu beantworten:
Ist es überhaupt möglich, Subjektive Theorien über Alkohol, Alkoholismus und Alkoholismustherapie im Dialog mit Alkoholikern zu rekonstruieren? Und wenn ja: Sind diese Subjektiven Theorien verhaltensrelevant? Zu diesem Zweck verwendete Barthels Halbstandardisierte Interviews zur Erhebung der Subjektiven Theorien über Alkohol, Alkoholismus und Alkoholismustherapie, sowie zur Explikation der Theoriestrukturen die Ziel-Mittel-Argumentation und die Heidelberger Struktur-Lege-Technik. Ausgewertet wurden die Daten mit einer Qualitativen Inhaltsanalyse

Wie viele Computerspielsüchtige gibt es eigentlich?

Bereits 1994 beschäftigte sich Fisher (Gefunden in: Wölfling, Psychotherapeutenjournal 2/2008) in Großbritannien mit exzessivem Spielen in Videospielautomatenhallen. Nach seinen Untersuchungen zeigen 6% der Jugendlichen exzessive Verhaltensmuster. Eine erste Erhebung in Amerika an 540 Nutzern des Online-Rollenspiels Everquest durch Griffith und Kollegen (Griffiths, Davis, Chappell 2004) ergab, dass 9% der Befragten exzessive Spieler sind und durchschnittlich mehr als 50 Wochenstunden im Online-Spiel zubringen. Im deutschen Sprachraum war es vor allem die Forschergruppe um Grüsser, die erste Punkt-Prävalenzschätzungen veröffentlichten. Grüsser et. al. (Studie 1a) ermittelten 2005 an 323 Berliner Schülern im Alter von 11 bis 14 Jahren einen Prozentsatz von 9,3 exzessiv auffälligen Kindern. In Kooperation mit ihrem amerikanischen Kollegen Griffith und einem Online-Spielemagazin (Studie 1b) stuften sie im Jahre 2007 nach einer Online-Befragung von über 7000 Computerspielern 11,9% als mit pathologischen einzustufenden Mustern im Computerspielverhalten ein. In einer Folgeuntersuchung der ISFB (Studie 1d) zeigten 6,3% der befragten 221 Berliner

Achtklässler ein psychopathologisch auffälliges Computerspielverhalten. Bezogen auf die Gruppe der regelmäßigen Computerspieler beträgt der Anteil an süchtigen Spielern in dieser Studie 9,7% bei einer Verteilung von 28,6% Mädchen und 71,4% Jungen. Grüsser et. al. haben die Vermutung, dass *„tendenziell mehr Jungen vom Symptomkomplex betroffen sind",* (Wölfling, Psychiatrische Praxis, 2007, Nov 20, [Epub ahead of print], S. 3) der Unterschied jedoch statistisch nicht signifikant sei.

In der 2008 veröffentlichten zepf-Studie (Studie 2) weisen 11,3% ein pathologisches Computerspielverhalten auf, wobei Jäger betont, dass 12,5% der Jungen, aber nur 6,2% der Mädchen davon als pathologisch einzustufen seien.

„Diese Daten stimmen mit Ergebnissen bisheriger Untersuchungen überein, nach denen Jungen häufiger und länger als Mädchen spielen und eher zu einer pathologischen Computerspielnutzung neigen." (Jäger, Zepf-Studie 2008, S. 9)

Im Ergebnis kann gesagt werden, dass in den internationalen Studien die Prävalenzraten zwischen 6% und 12% schwanken. Allerdings ist kritisch anzumerken, dass die Gefahr einer potenziell selektiven Verzerrung durch überproportional hohe Beteiligung von vermeintlich Betroffenen an den Online-Befragungen besteht. Es muss auch angemerkt werden, dass der Zugang zu den Online-Befragungen zumeist über Online-Portale erfolgt und eine Repräsentativität schon deswegen nicht gegeben sein kann, weil nicht alle Online-Computerspieler Zugriffe auf eben diese Foren und Portale tätigen.

Was ist über die Demographie der Computerspielsüchtigen bekannt?

In der Folgeuntersuchung des ISFB (Studie 1d) hat Wölfling noch mehr über die Unterschiede zwischen nicht-regelmäßigen Computerspielern, regelmäßigen Computerspielern und pathologisch-regelmäßigen Computerspielern herausgefunden.

In der Gruppe der regelmäßigen Spieler waren mit 63,1% signifikant mehr Jungen als Mädchen vertreten, während mit 80,5% signifikant mehr Mädchen in der Gruppe der Unregelmäßigen enthalten waren. Wie bereits weiter oben erwähnt, betrug der Anteil der Mädchen in der Gruppe der pathologischen Spieler 28,6% und der der Jungen 71,4%. Cypra stellt in seinen Ergebnissen (Studie 3) fest, dass der Anteil der Frauen mit dem Spielkonsum ansteigt: bei Normalspielerinnen 6,2% (max. 29 Std./Woche), 8,4% bei Vielspielerinnen (30-59 Std./Woche) und 11,2% bei Hardcorespielerinnen (60 Std./Woche und mehr).

Das Durchschnittsalter der Männer in Cypras Studie sinkt mit steigendem Spielkonsum, während das Durchschnittsalter der Frauen konstant bleibt.

In Bezug auf den Bildungsstand der drei Untersuchungsgruppen waren Wölflings Ergebnisse, dass bei den nicht regelmäßigen Spielern der Anteil an Gymnasiasten mit 54,5% signifikant überproportional hoch ist, gefolgt von 23,4% Hauptschülern und 22,1% Realschülern. Bei den regelmäßigen Spielern ist die Schultypverteilung annähernd gleich verteilt wie in der Grundgesamtheit. Bei den Pathologischen stachen die Hauptschüler mit 78% weit heraus, gefolgt von 14% Realschülern und 7% Gymnasiasten. Cypras (Studie 3) Ergebnisse gehen in dieselbe Richtung: *„die höchste Formalbildung besitzen Normalspieler, die Vielspieler belegen die Mittelposition, und die Hardcorespieler sind am schlechtesten gebildet."* (Studie 3, S. 80)

Die Erwerbssituation stellt sich laut Cypra so dar, dass nur 3% der Normalspieler arbeitslos sind, 8,1% der Vielspieler, aber signifikante 23,8% der Hardcorespieler. Die Nicht-Erwerbspersonen (z.B. Renter, Hausfrauen) machen nur 1% der Normalspieler aus, 2% der Vielspieler und 6,5% der Hardcorespieler. Überraschend findet Cypra das Ergebnis, dass Studenten (denen viel Freizeit nachgesagt wird) ebenso wie Berufstätige relativ selten mit nur 8,8% unter den Hardcorespielern zu finden sind. Schüler verteilen sich gleichmäßig über alle drei Gruppen.

Im Ergebnis kann gesagt werden, dass viel mehr Jungen als Mädchen an Computerspielsucht leiden und dass ein Großteil von niedrigem Bildungsstand ist. Zudem ist der Anteil an Erwerbslosen vergleichsweise hoch.

Wie viele Stunden spielen pathologische Computerspieler am Tag?

In der Folgeuntersuchung des ISFB (Studie 1d) vergleichen Wölfling und Kollegen die Spieldauer ihrer drei Untersuchungsgruppen Nicht-regelmäßige, regelmäßige und pathologisch-regelmäßige Computerspieler. Die nachfolgende, eigens erstellte Tabelle gibt einen Überblick über die durchschnittliche Dauer des aktiven Computerspielens, zum einen an einem normalen Tag nach der Schule und zum anderen inklusive der Spielstunden am Wochenende.

	an einem normalen Tag	inkl. Wochenende
Nicht-regelmäßige Spieler	0,76	0,85
regelmäßige Spieler	2,36	2,68
Pathologisch-regelmäßige Spieler	4,07	4,76

Die drei Gruppen unterscheiden sich signifikant hinsichtlich der Dauer des aktiven Computerspielens. Umgerechnet auf eine 7-Tage-Woche spielen pathologisch-regelmäßige Computerspieler demnach durchschnittlich 33,32 Stunden pro Woche. Im Vergleich dazu spielen regelmäßigen Computerspielern 18,76 Stunden und nicht-regelmäßige nur 5,95 Stunden. Allerdings sind diese Ergebnisse, wie schon weiter oben erwähnt, nicht repräsentativ und beziehen sich nur auf die Untersuchung.

Batthyány und Kollegen (Batthyány, Benker, Müller & Wölfling, 2008) differenzierten in ihrer Untersuchung 2008 die Spielzeit in drei Kategorien: Spielstunden vor der Schule, nach der Schule und am Wochenende; und die Probanden in: abhängig, missbräuchlich und nicht pathologisch.

	vor der Schule	nach der Schule	am Wochenende
Abhängigkeit	1.50h	6.04h	16.26h
Missbrauch	0.26h	4.11h	8.53h
Keine Pathologie	0.09h	2.26h	4.92h

Daten entnommen aus Dipl.-Psych. Müllers Power-Point-Präsentation „Erste empirische Implikationen der ambulanten Therapie von Computerspielsucht" bei der DHS-Fachkonferenz vom 11. November 2008 in Bielefeld zum Thema "Sucht, Abhängigkeit, exzessives Verhalten - Zustände und Zuständigkeiten"

Deutlich wird aus dieser Tabelle, dass pathologische Spieler bereits viel Zeit vor der Schule in ihr Spiel stecken. Da der Beginn der Schule am Morgen fest steht, müssen die pathologischen Spieler viel früher aufstehen, um durchschnittlich anderthalb Stunden. Das geht zumeist auf Kosten der Schlafdauer, die sowohl später einsetzt, als auch früher beendet wird. Grüsser (Studie 1a) fand heraus, dass exzessiv computerspielende Kinder später als nicht exzessiv computerspielende schlafen und erstere den Computer signifikant häufiger direkt vor dem Schlafengehen nutzen.

Im Vergleich zu Wölflings Ergebnissen (Studie 1d), sind die Daten von Batthyány – an denen auch Wölfling mit beteiligt war – drastisch höher. Zum Vergleich: Bei Wölfling spielen pathologische Computerspieler 4,07 Stunden an Schultagen, bei Batthyány 6,04 + 1,5 Stunden. Das ist ein gravierender Unterschied, der wahrscheinlich auf die Nicht-Repräsentativität beider Studien zurückzuführen ist. Deutlich wird zumindest der Unterschied zu nicht pathologischen Spielern.

Im Ergebnis kann gesagt werden, dass pathologische Spieler bereits morgens vor der Schule oder der Arbeit spielen und dafür auf Schlaf verzichten. Zudem spielen Computerspielsüchtige signifikant länger Computer, auch wenn die Zahlen diesbezüglich stark schwanken.

Wie unterscheiden sich pathologische Computerspieler von nicht-pathologischen?

Grüsser und Kollegen (Studie 1a) haben exzessiv computerspielende Kinder und nicht-exzessiv computerspielende Kinder hinsichtlich verschiedener Aspekte, die in Zusammenhang zum Computerspielverhalten stehen, verglichen. Dabei fanden die Forscher heraus, dass die Gruppe der exzessiven Spieler signifikant häufiger den Computer zum Spielen nutzen und auch täglich signifikant länger Filme (DVD, Video, Fernsehen) schauen als die nicht-exzessiven. Zudem nutzen die exzessiven Spieler den Computer inklusive Internet signifikant länger am Tag zum Spielen.

Im Bereich des Kommunikationsverhaltens lässt sich bezogen auf diese Studie sagen, dass die exzessiven Spieler sich signifikant weniger bei Problemen oder schlechten (und auch guten!) Nachrichten mitteilen, wobei es bei den exzessiven Spielern keinen signifikanten Geschlechterunterschied gibt wie bei den nicht-exzessiven, wo die Mädchen sich signifikant häufiger mitteilen.

Im Unterricht leiden die exzessiven Spieler signifikant häufiger an Konzentrationsschwächen als die Gruppe der nicht-exzessiv computerspielende Kinder.

Im Bezug auf Bewältigungsstrategien bei negativen Gefühlen fanden die Forscher heraus, dass exzessive Spieler signifikant häufiger Computerspielen oder tendenziell mehr Fernsehen (nicht signifikant), wenn sie traurig sind oder sich ärgern. In der Folgestudie (Studie 1d) wurde zudem ein positiver signifikanter Zusammenhang zwischen der durchschnittlichen Computerspieldauer und der dadurch erreichten Stimmungsverbesserung festgestellt. Jäger (Studie 2) kam zu ähnlichen Ergebnissen: Pathologische Spieler haben ein deutlich höheres Stresserleben und einen eher vermeidenden Copingstil, ebenso wie eine geringere allgemeine Selbstwirksamkeitserwartung.

Die zepf-Studie ergab außerdem, dass sich pathologische Spieler durch ihre konkrete Lebenssituation häufiger überfordert fühlen als andere Spieler und insgesamt unzufriedener sind. In Bezug auf die Zufriedenheit zeigte sich auch bei Cypra (Studie 3), dass die Normalspieler am zufriedensten waren, gefolgt von den Vielspielern, und am unzufriedensten zeigten sich die Hardcorespieler.

In den Ergebnissen der Studie 1d ist auch zu lesen, dass exzessive Computerspieler sich signifikant häufiger gedanklich mit ihrem Computerspiel beschäftigen, *„was im Sinne einer kognitiven Einengung bzw. Fixierung auf das Problemverhalten bewertet werden kann."* (Studie 1d, S. 5)

Wölfling (Studie 1d) fand heraus, dass das Ausmaß des Konsums an psychotropen Substanzen und in welchem Alter das regelmäßige Computerspielen einsetzt keinen Einfluss auf das Auftreten einer Computerspielsucht hat, jedoch gibt es Hinweise, *„dass ein gravierender Anteil der Computerspielsüchtigen eine substanzbezogene Störung aufweist."* (Studie 1d, S. 5)

Im Ergebnis kann gesagt werden, dass sich exzessive Computerspieler von anderen Spielern unterscheiden im Ausmaß des Fernsehkonsums und der Kommunikationsfähigkeit. Sie bekommen weniger Schlaf und zeigen vermehrt Konzentrationsschwächen und ein eher stärker vermeidendes Bewältigungsverhalten im Gegensatz zu den übrigen Spielern, die eher problemorientierte Copingstrategien heranziehen.

Zudem sind sie unzufriedener mit ihrer Lebenssituation und beschäftigen sich deswegen gedanklich viel häufiger mit dem Spiel als ihre nicht-exzessiven Kollegen.

„Es kann geschlussfolgert werden, dass – analog zu den Erkenntnissen aus der Abhängigkeitsforschung – die Computernutzung für die exzessiv computerspielenden Kinder eine spezifische Funktion im Sinne einer inadäquaten Stressbewältigungsstrategie erhalten haben könnte: emotional erregende Zustände werden nicht kommuniziert, sondern durch das Spielen verdrängt." (Studie 1a, S. 193)

Grüsser und Kollegen sehen in der Folge einen begünstigenden Risikofaktor für eine mögliche Abhängigkeitserkrankung in der Adoleszenz, da eine adäquate Stressbewältigung verlernt oder gar nicht erst erlernt wird und somit ein breites Verhaltensspektrum für eine angemessene Stressverarbeitung fehlt und soziale Kompetenzen verkümmern. (Studie 1a, S. 193)

Wieso können MMORPGs süchtig machen?

Die Studien von Cypra (Studie 3) und Yee (Studie 4) untersuchten beide den Zusammenhang von investierter Zeit in das Online-Spiel und Computerspielsucht und fanden eine Korrelation. Yee betont dabei, dass es nicht „die" Computerspielsucht gibt, sondern dass Computerspielsucht ein Graubereich mit mehreren Abstufungen ist.

Laut Yee gibt es zwei Formen der Sucht: eine, die unterschwellige Frustration oder unterdrückte Gefühle positiv übermantelt, und die andere, die die Gier oder Motivation aufrecht erhält „mehr" zu erreichen im Spiel.

Die Spieldynamiken von MMORPGs sind so angelegt, dass Spieler viel Zeit investieren müssen, um in dem Spiel etwas zu erreichen. Der Grad der Computerspielsucht hängt laut Yee davon ab, wie viele Faktoren den Computerspielsüchtigen an das Spiel binden. Diese Faktoren nennt Yee „*Attraction-*" und „*Motivationfactors*".

Yee fand drei zentrale „attraction-factors", die Spieler dazu motivieren können, mehr Zeit und persönliches Engagement in das MMORPG zu investieren:

a) Der „elaborate rewards cycle" ist vergleichbar mit einer Karotte an einer Angel und bezeichnet die Belohnungsstruktur der MMORPGs. Die ersten Stufenanstiege sind relativ leicht zu bewältigen und brauchen nur wenige Minuten, der Avatar wird schnell stärker und die zu erlernenden Berufsfertigkeiten gelingen problemlos. Es dauert nicht lange und die ersten guten Ausrüstungsgegenstände fallen dem Spieler in den Schoß, ohne viel Aufwand. Der Avatar differenziert sich von denen anderer Spieler und die Erwartung des Spielers an seinen Charakter steigt. Aber die Intervalle werden schnell größer, so dass schon sehr bald ein Level fünf Stunden und kurz bald darauf zwanzig investierte Stunden benötigen. Das MMORPG lebt davon, dass die Befriedigung eines Erfolges nur über investierte Zeit zu erreichen ist. Diese Belohnungs-Zirkel überlappen sich, so dass es immer irgendeine lohnende Tätigkeit oder ein Ausrüstungsgegenstand in relativ kurz zu erreichenden Zeitabständen zu bekommen ist.

> *„Dann hat man gleich wieder einen neuen Gegenstand, den man im nächsten Level am liebsten sofort einsetzen möchte und dann spielt man diesen Level eben noch. Dann kommt aber schon der nächste Gegenstand und man spielt den darauf folgenden Level – man kommt da einfach nicht raus"*

(Patientenaussage entnommen aus Dipl.-Psych. Müllers Power-Point-Präsentation „Erste empirische Implikationen der ambulanten Therapie von Computerspielsucht" bei der DHS-Fachkonferenz vom 11. November 2008 in Bielefeld zum Thema "Sucht, Abhängigkeit, exzessives Verhalten - Zustände und Zuständigkeiten")

b) Der zweite Faktor ist das Beziehungsgefüge innerhalb des Online-Spiels. Die Anonymität des Chatsystems ermöglicht es den Spielern sich leichter zu offenbaren. Speziell World of Warcraft ist auf dieses Gruppengefüge ausgelegt. Viele Erfolge sind nur in einer Gruppe schaffbar. Diese Beziehungen veranlassen Spieler dazu, noch mehr Zeit in das Spiel zu investieren, z.B. um nicht hinter den Avatars der anderen Spieler im Level und in der Ausrüstung hinterher zu hinken und den Anschluss zu verlieren. Gilden stellen ein Beziehungs-Netzwerk mit strengen hierarchischen Strukturen dar. In „World of Warcraft" sind ca. dreiviertel der Spieler in Gilden organisiert.

"Strikte Organisationsstrukturen bestimmen den Alltag der Clanmitglieder. Jeder Spieler hat bestimmte Positionen und Aufgaben inne, die nicht so ohne weiteres getauscht werden können. Dazu gehören feste Trainings- und Spielzeiten, von denen sich ein Clanmitglied regelrecht abmelden muss, falls er verhindert ist." (Wimmer, Quandt, Vogel, S. 149-167.)

c) Der dritte Faktor ist das Eintauchen der Spieler in die Märchenwelt der MMORPGs. Die Spieler identifizieren sich mit ihrem Avatar. Sie widmen ihrem Avatar viel Zeit, um ihn auszurüsten und ihn stärker zu machen und nehmen persönlich Anteil an dem „Leben" des Avatars.

"In the same way that a movie or fairy-tale enchants you, the immersive quality of MMORPGs tries to enchant you with a fantasy, and make you feel that you are part of something grand and extraordinary." (Yee, Studie 4, S. 9)

Nicht jeder dieser drei Faktoren wird von jedem Spieler gleich intensiv wahrgenommen, was noch einmal den Charakter der Grauzone bei der Computerspielsucht unterstreichen soll.

Die „attraction factors" alleine sind schon ein Grund, weswegen exzessive Spieler sehr viel Zeit und persönliches Engagement in ihr Online-Spiel investieren, aber ein Teil der Computerspielsüchtigen wird auch beeinflusst durch die „motivation factors", wie Yee sie nennt.

a) Kompensation realweltlicher Defizite: MMORPGs sind für Menschen mit Problemen im realen Leben (z.B. geringes Selbstwertgefühl, das Gefühl das eigene Leben nicht zu kontrollieren) gute Möglichkeiten davon abzuschalten. Indem sie in die Welt des MMORPGs abtauchen, können sie ihre realweltlichen Probleme hinter sich lassen und eine Zeit lang vergessen bis zu dem Zeitpunkt, wo sie ausloggen. Menschen mit einem geringen Selbstwertgefühl im realen Leben können „ingame" einen machtvollen Helden spielen zu dem andere aufblicken. Oder Spieler, die im Realen das Gefühl haben, nicht Herr ihres Lebens zu sein, können im Spiel endlich selber Entscheidungen treffen. Dieses Gefühl bekommt der Spieler nur, so lange er im Spiel ist, sobald er das Spiel verlässt, kommt bei ihm wieder das Gefühl der Minderwertigkeit auf. Yees Studie fand eine Korrelation zwischen dem Selbstwertgefühl und der Wahrscheinlichkeit der Computerspielsucht. Gleiches gilt für das Gefühl der Kontrolle über das eigene Leben.

Die Ergebnisse von Cypra (Studie 3) untermauern dies: 23,4% der Hardcore-Spieler stimmten der Aussage zu, dass sie mit dem Spielen realweltliche Defizite kompensieren, jedoch nur 10,8% der Vielspieler und 6% der Normalspieler.

b) Beziehungspflege: Manche Menschen haben Schwierigkeiten, im realen Leben Beziehungen zu pflegen und aufrecht zu erhalten. Ein MMORPG vereinfacht die Kommunikation und entlastet den Spieler, weil keine face-to-face-Situation auftreten kann, die ihn unter Druck setzt. Gerade für schüchterne Menschen oder welche mit geringem Selbstwertgefühl sind MMORPGs ein willkommenes Metier, um Sozialkontakte zu knüpfen und zu pflegen.

Cypra kommt in seiner Studie zu dem Ergebnis, dass mit zunehmendem Spielkonsum die Wichtigkeit der virtuellen Kontakte ausgeprägter wird, jedoch erreichen auch bei exzessivem Spielverhalten diese Werte nicht das Niveau realweltlicher Kontakte.

c) Frustrations-/Stressabbau: Viele Menschen haben großen Stress im realen Leben oder erleben tagtäglich Frustrationen, anderen bricht zeitweise der Boden unter den Füßen weg, und es fehlt der nötige Halt. MMORPGs bieten auch hier die Möglichkeit, diesen Stress durch spielen abzubauen. Yee fand in seiner Studie eine Korrelation zwischen dem aufgestauten Stress und einer Suchtwahrscheinlichkeit.

Im Ergebnis lässt sich zusammenfassen, dass es eine Korrelation zwischen investierter Zeit im Spiel und der Wahrscheinlichkeit einer Computerspielsucht gibt. Yee macht dafür die „attraction-" und „motivation-factors" verantwortlich: die Belohnungsstruktur der MMORPGs, die Druckkulisse des Gruppenspiels, die Realitätsflucht durch den Märchenweltcharakter, die Kompensation realweltlicher Defizite, die Beziehungspflege und den Stressabbau

3.3 Die Studie „Subjektive Theorien über Alkoholismus"

3.3.1 Wieso wird eine Studie über Alkoholismus vertieft vorgestellt?

Diese Studie ist interessant für das vorliegende Buch, weil es darin um Subjektive Theorien von Alkoholikern geht.

Zum einen gibt es einen Zusammenhang zwischen Computerspielsucht und Alkoholismus über die gemeinsame Definition zur Substanzabhängigkeit. Zum anderen führt Grüsser in ihrer Habilitationsschrift mehrere empirische Erhebungen über das Verlangen durch, sowohl bei Abhängigkeit von psychotropen Substanzen wie z.B. Alkohol, Nikotin oder Heroin, als auch bei Glücksspielsucht durch.

Darauf aufbauend untersuchten Grüsser und Kollegen 2007 mit derselben Methode computerspielsüchtige Männer (Studie 1c). Zusammenfassend kann man sagen, dass die EEG- und EMG-Muster von exzessiven Computerspielern und Alkohol- oder Cannabissüchtigen vergleichbar sind. Das Belohnungssystem wird aktiviert und die positiven Erfahrungen in einem Suchtgedächtnis im Hirn gespeichert."

„Diese Verhaltensweisen ziehen starke Belohnungseffekte nach sich. Für solche Belohnungseffekte findet sich im mesolimbischen dopaminergen Belohnungssystem des Gehirns das physiologische Korrelat. Dabei unterscheidet das menschliche Gehirn prinzipiell nicht zwischen extern zugeführten psychotroper Substanz (Alkohol, Heroin) und körpereigen vermittelter Wirkung eines exzessiven belohnenden Verhaltens."
(Grüsser, S.M: Wiener klinische Wochenschrift, 2005, Ausgabe 117, S. 190)

Die Ähnlichkeit von Alkoholismus und Computerspielsucht begründet die vertiefte Beschäftigung mit der folgenden Studie.

3.3.2 Die Vorstellung der Studie

Barthels überprüft mit seiner Erkundungsstudie die Brauchbarkeit des Forschungsprogramms Subjektive Theorien im Sucht-Bereich. Seine zu beantwortenden Fragen lauten: Ist es überhaupt möglich, Subjektive Theorien über Alkohol, Alkoholismus und Alkoholismustherapie im Dialog mit Alkoholikern zu rekonstruieren? Und wenn ja: Sind diese Subjektiven Theorien verhaltensrelevant? Barthels formuliert einen Hypothesenkatalog, den er in seiner Studie überprüft.

An der Untersuchung nahmen zwanzig männliche Probanden teil, die allesamt Patienten der Therapiestation für Alkoholiker in Useldingen (Luxemburg) waren bzw. zum Zeitpunkt der Untersuchung noch sind. Bei allen wurde als Hauptdiagnose Alkoholismus festgestellt. Die Stichprobe teilt sich in zwei Gruppen à jeweils zehn Personen. Gruppe 1 („Die Abstinenten" genannt) bestand aus Probanden, die seit mindestens einem Jahr nach Beendigung der Therapie abstinent sind, Gruppe 2 („Die Rückfälligen" genannt) aus den restlichen zehn Probanden, die entweder innerhalb dieses einen Jahres rückfällig wurden oder nach Beendigung der Therapie weiter tranken. Aufgrund der geringen Stichprobe lehnt Barthels eine Repräsentativität der Studie ab.

Die Probanden wurden anhand eines Fragebogens ausgewählt, dem *„Questionnaire de prognostic"*. Es handelt sich dabei um ein Vorhersageinstrument mit dessen Hilfe man vorhersagen kann, mit welcher Wahrscheinlichkeit ein Patient es schafft, nach der Therapie abstinent zu bleiben. Relevante Variablen des Fragebogens sind Lebenssituation, Trinkervorgeschichte (Trinkmuster, Einstellung zum Alkohol),

Persönlichkeitsmerkmale und Therapiemotivation (Kooperationsbereitschaft etc.). Barthels wählt als Erhebungsinstrument die Heidelberger Struktur-Lege-Technik von Scheele und Groeben, und zwar die Dialog-Konsens-Variante der Ziel-Mittelargumentation (ZMA).

Zunächst wurden in den Monaten September bis Dezember 1988 mit den Probanden halbstandardisierte Interviews geführt, daran anschließend wurde die Subjektive-Theorie-Struktur mittels des ZMA-Leitfadens und der Struktur-Lege-Technik rekonstruiert, um die Theoriestruktur zu explizieren.

Die Fragen in dem Interviewleitfaden beziehen sich auf die drei Themengebiete: Alkohol, Alkoholismus und Alkoholismustherapie. Aus Zeitgründen wurden die Subjektiven Theorien über Alkohol und Alkoholismustherapie nicht im Dialog-Konsens erhoben, sondern nur anhand des ZMA-Leitfadens rekonstruiert. Die Subjektiven Theorien über Alkoholismus wurden mit Hilfe des SLT im Dialog-Konsens rekonstruiert. Für die Datenmaterialauswertung verwendet Barthels die qualitative Inhaltsanalyse mit allen drei Analyse-Techniken (formale Strukturierung, Zusammenfassung und skalierende Strukturierung). Es fehlt eine explizite Validitätsuntersuchung. Das Datenmaterial wird in der abschließenden skalierenden Inhaltsanalyse in drei Kategorien eingeordnet: In der Kategorie „Subjektive Wertigkeit des Alkohols" geht es darum zu wissen, wie der Betroffene Alkohol bewertet. Unter der Kategorie „Subjektive Kompetenz" werden die Bewertungsprozesse auf der konkreten Handlungsbasis eingeordnet. Subjektive Kompetenz bedeutet, dass die Person sich als handelndes Subjekt sieht, das Belastungsfaktoren nicht machtlos ausgeliefert ist. Mit der Kategorie „Mittelsensibilität" wird die Einstellung des Klienten zur Therapiemethode erfasst.

Barthels stellt bei seinen Ergebnissen für alle zwanzig Probanden die jeweiligen Subjektiven Theorien über Alkohol/Abstinenz, Alkoholismus und Alkoholismustherapie dar. Da eine detaillierte Darstellung der Ergebnisse den Rahmen dieser Seiten sprengen würde, werden nur zehn der „Subjektiven Theorien über Alkoholismus" zusammenfassend dargestellt und die zentralen Ergebnisse der Studie vorgestellt.

Die Probanden nennen vielfältige Ursachen für Alkoholismus. Hauptgründe sind die öffentliche Akzeptanz, die leichte Zugänglichkeit des Alkohols und die viel zu geringe Aufklärung der Öffentlichkeit über Alkoholismus, die ein regelmäßiges, missbräuchliches Trinken begünstigen. Zudem kann das Trinkverhalten der Gleichaltrigen Modelllernprozesse auslösen. Die positive Verknüpfung des Alkohols (der Genuss, das gesellige Trinken) führt vermehrt zu regelmäßigem, gewohnheitsmäßigem Trinken.

In der Folge von regelmäßigem, übermäßigem Alkoholkonsum kann Alkoholmissbrauch entstehen, wenn Trinken als Problemlösungsstrategie genutzt wird. Gründe für Alkohol als Problemlöser sind Spannungsminderung und Angstlösung für persönliche Lebensschwierigkeiten (z.B. schwere Enttäuschungen, Eheprobleme, Verlust der Arbeit, Einsamkeit und Desinteresse der anderen) und ein labiler Charakter (Unfähigkeit Gefühle zu zeigen, Hilflosigkeit; mangelndes Vertrauen in eigene Konfliktbewältigung). Ziel ist beim Alkoholismus nicht der Genuss, sondern das Erreichen eines High-Gefühls, eines Rauschzustandes, der keine Freude am Trinken bringt, sondern den Zwang zum regelmäßigen Alkoholkonsum befriedigt.

Als Merkmale von Alkoholismus nennen die Probanden:
- ständiges körperliches und psychisches Verlangen nach Alkohol
- sehr hohe Bedeutsamkeit des Alkohols für die Person (Kapitänsfunktion: „Alkohol ist Kapitän der Seele.")
- ständige Steigerung der Dosis
- ständiges Denken an Alkohol
- Kontrollverlust (Absichten und Vorsätze können nicht mehr realisiert werden)
- heimliches Trinken (Schuldgefühle wegen der Lügen)
- Entzugserscheinungen: Brechreiz, Zittern, Angstzustände (z.B. Alpträume), Schweißausbrüche, Kopf-/ Magenschmerzen
- körperliche, psychische, finanzielle und soziale Probleme

Zentrales Ergebnis dieser Studie ist, *„dass es zwischen Alkoholikern und Abstinenten Unterschiede in den jeweiligen Subjektiven Theorien gibt und dass diese inhaltlichen Unterschiede womöglich auch die Verhaltensunterschiede bedingen bzw. dass es keine schwerwiegenden Hinweise darauf gibt, dass sie es nicht tun."* (Barthels, S. 240)

4. Forschungsmethodisches Design

In diesem Kapitel wird auf der Grundlage der eigenen Fragestellung das forschungsmethodische Design für die Untersuchung ausgewählt, begründet, ausgearbeitet und durchgeführt.
Nach einem Kurzüberblick über die qualitative Sozialforschung, wird eine Auswahl an Interviewformen vorgestellt und auf das Konstruktinterview näher eingegangen. Daran anschließend wird das eigene Forschungsdesign in Form des Interviewleitfadens entwickelt und das Probe- und die Hauptinterviews durchgeführt.

4.1 Auswahl und Begründung der gewählten Forschungsmethodik

Nachdem im dritten Kapitel mehrere Studien zum Thema vorgestellt wurden, stellt sich nun die Frage, wie sich die eigene Fragestellung forschungsmethodisch bearbeiten lässt.

Die meisten der vorgestellten Studien verwenden quantitative Forschungsmethoden, zumeist Fragebögen, um Basisdaten für den Untersuchungsgegenstand Computerspielsucht zu gewinnen. Um Basisdaten geht es in der vorliegenden Studie aber nicht, sondern um die subjektiven Theorien von Computerspielern über Computerspiele und Computerspielsucht. Einzige Ausnahme bildet die qualitative Untersuchung Barthels über „Subjektive Theorien über Alkoholismus". Er verwendet das „Forschungsprogramm Subjektive Theorien" von Groeben, welches im Kapitel 2 schon angerissen wurde.

Die qualitative Forschung ist auch die meist benutzte in der Untersuchung Subjektiver Theorien, so dass eben diese auch den Grundstock für die eigene Untersuchung bilden wird. Die wohl am häufigsten benutzte ist dabei das qualitative Interview, weil damit am besten die subjektiven Bestandteile der Subjektiven Theorien des Gegenübers offen gelegt werden können. Warum kein Fragebogen oder eine Beobachtung? Bei einem Fragebogen kann der Proband nicht selbständig einen Schwerpunkt setzen, sondern es werden nur Fragen bezüglich vorgegebener Themen und Konstrukte beantwortet. Dies würde zu einer Verzerrung der Subjektiven Theorien führen. Die Beobachtung ist ungeeignet, da nur das Verhalten des Probanden festgehalten wird, aber nicht seine Kognitionen der Selbst- und Weltsicht. Es können damit keine Subjektiven Theorien erfasst werden.

4.2 Einführung in die Qualitative Sozialforschung

In der quantitativen Forschung geht es darum, vorgefasste Annahmen zu überprüfen. Im Gegensatz dazu steht die qualitativ ausgerichtete Forschung, die zumeist fallorientiert ein theoretisches Verständnis des jeweiligen Untersuchungsgegenstandes oder –bereiches anstrebt. Es soll ein möglichst detailliertes und vollständiges Bild des Untersuchungsgegenstandes erarbeitet werden. Die qualitative Forschung will „*Lebenswelten ‚von innen heraus' aus der Sicht der handelnden Menschen*" (Flick 2007, S. 14) erfassen und beschreiben.

Grundsätze qualitativen Vorgehens

Mayring hat aus der Vielzahl von qualitativen Ansätzen Gemeinsamkeiten herausgearbeitet, die er als fünf Postulate bezeichnet:

> „*Fünf solcher Grundsätze möchte ich nun hervorheben: die Forderung stärkerer **Subjektbezogenheit** der Forschung, die Betonung des **Deskription** und der **Interpretation** der Forschungssubjekte, die Forderung, die Subjekte auch in ihrer natürlichen, **alltäglichen** Umgebung (statt im Labor) zu untersuchen, und schließlich die Auffassung von der Generalisierung der Ergebnisse als **Verallgemeinerungsprozess**.*" (Mayring 2002, S. 19)

Diese fünf Postulate Mayrings sind aber noch zu theoretisch, um sie in die Praxis umsetzen zu können. Lamnek formuliert in seiner „Programmatik qualitativer Forschung", zentrale Prinzipien qualitativer Forschung, die sowohl für die Erhebungs- als auch für die Auswertungsverfahren gelten (Lamnek 1995, S. 21ff).

- Offenheit

Qualitative Forschung möchte den Forschungsgegenstand unverfälscht, so wie er ist, untersuchen. Um dies zu gewährleisten, muss alles Vorbewusste, Unbewusste, mit Vorurteilen behaftete und alle theoretischen Vorüberlegungen ausgeklammert werden, so „*dass der Forscher dem Gegenstand ohne theoretische Vorstrukturierung und möglichst ohne den Einfluss eigener Deutungen und Wertungen begegnen kann.*" (König, Zedler: Qualitative Forschung 2002, S. 165). Die Grundhaltung der Offenheit beinhaltet eine Offenheit gegenüber der Untersuchungspersonen, der Untersuchungssituation und den zu benutzenden Methoden. Dies bedeutet, dass vorweg keine Hypothesen formuliert werden, da das Prinzip der Offenheit ein hypothesen-generierendes Verfahren fordert.

- Kommunikativität

Forschung ist Kommunikation und Interaktion zwischen Forscher und dem zu Erforschenden und gilt - im Gegensatz zur quantitativen Forschung - als konstruktiver Bestandteil des Forschungsprozesses. *„Forschung wird als Interaktionsprozess aufgefasst, in dem sich Forscher und Gegenstand verändern."* (Mayring 2002, S. 32). Da es keine Objektivität in der qualitativen Sozialforschung gibt, weil alles Gesagte und Gedachte bereits interpretiert wurde, müssen der Forscher und die Untersuchungsperson im Gespräch eine gemeinsame Sichtweise der Wirklichkeit entwickeln mit der sie arbeiten können. Diese Konstruktion der Wirklichkeit erfolgt in einer möglichst natürlichen Kommunikationssituation.

- Prozesscharakter

Die Konstrukte sind aber veränderlich und weiterhin subjektiver Interpretation ausgesetzt, so dass von einer Prozesshaftigkeit gesprochen werden muss. Handlungen und Deutungen können modifiziert werden, so dass sie nicht als unveränderlich gelten können.

„Qualitative Sozialforschung nimmt die Verhaltensweisen und Aussagen der Untersuchten nicht einfach als statische Repräsentationen eines unveränderlichen Wirklichkeitszusammenhangs, sondern als prozesshafte Ausschnitte der Reproduktion und Konstruktion von sozialer Realität." (Lamnek 1995, S. 25).

Dass der Forscher selber in diesen Prozess involviert ist, weil er ebenfalls Beteiligter an der Kommunikation ist, ist natürlicher Bestandteil des Forschungsprozesses.

- Reflexivität

Reflexivität meint zum einen, dass eine reflektierte Einstellung des Forschers zum Gegenstand und zu den zu beforschenden Personen vorhanden sein muss. Reflexivität ist aber auch so zu verstehen, dass jede Bedeutung kontextgebunden ist und jedes Zeichen und jeder Satz als Teil eines Ganzen zu verstehen ist. Der Forscher muss daher ein Verständnis für den Gesamtkontext besitzen.

- Explikation

Lamnek versteht das Prinzip der Explikation eher als Forderung, denn als praktisches Vorgehen. Es wird erwartet, dass der Forscher die jeweiligen Einzelschritte des Untersuchungsprozesses und die Regeln der Auswertung so weit wie möglich offen legen möge, da die intersubjektive Nachvollziehbarkeit der Interpretation der

Ergebnisse sichergestellt werden muss.

- Flexibilität
Der Forschungsprozess ist zu entwickeln und laufend zu präzisieren, um die Forschung an die Besonderheiten des Untersuchungsgegenstandes anzupassen. Die Exploration erfolgt daher flexibel. Der Forscher nimmt neue Aspekte auf, verwirft andere wieder und bewegt sich immer wieder in neue Richtungen, die sich durch die fortschreitende Analyse eröffnen und bleibt somit flexibel.

4.2.1 Überblick über das Qualitative Interview

Im Folgenden werden mehrere offene Interviewverfahren zur Erhebung von Subjektiven Theorien erläutert und für eine der Methoden begründend entschieden.

- Methode der freien Beschreibung
Bei dieser Methode geht es darum den Interviewpartner zu einem Themenbereich, zu dem Subjektive Theorien erhoben werden sollen, möglichst frei erzählen zu lassen. Es wird davon ausgegangen, dass der Gesprächspartner alle für ihn wichtigen Konstrukte zu dem Thema von alleine ansprechen wird. Es gilt also den Redefluss möglichst wenig zu unterbrechen, sondern eher auf passives Zuhören und ggf. Widerspiegeln zurückzugreifen. Diese Methode findet z.B. Verwendung beim Narrativen Interview. Der Gesprächspartner wird dabei aufgefordert eine Geschichte zum gewählten Thema zu erzählen (Vgl. König, Zedler 2002, S. 57f.).

- Grid-Verfahren
Aus einer Liste von ca. zehn Personen werden jeweils drei ausgewählt. Der Interviewpartner hat dann die Aufgabe zu beurteilen, was die zwei Personen im Vergleich zur dritten gemeinsam haben. Dabei geht es nicht um die eigentliche Antwort, sondern um die Konstrukte, die der Interviewpartner zur Zuordnung heranzieht.

- Leitfaden-Interviews
Dies ist die klassische Erhebungsmethode zur Erfassung Subjektiver Theorien. Sie ist gekennzeichnet durch folgende Merkmale:
Die Situation wird als Interviewsituation definiert, so dass der Interviewer das Recht hat Fragen zu stellen und nachzufragen, wenn etwas unklar ist, und der Interviewte ist bereit darauf zu antworten.

Es handelt sich um ein teilstrukturiertes Interviewverfahren mit ca. drei bis sechs offen gestalteten Leitfragen. Diese Fragen sind so formuliert, dass der Gesprächspartner möglichst frei erzählen und seinen eigenen Schwerpunkt setzen kann.
Das oben erwähnte Nachfragen erfolgt mittels verschiedener Techniken (Fokussieren, Nachfragen getilgter Informationen, Widerspiegeln).

- Struktur-Lege-Technik

Die Struktur-Lege-Technik wird erst in einem zweiten Schritt nach der Erhebung eingesetzt, *„um die Struktur der jeweiligen Subjektiven Theorie deutlicher herauszuarbeiten."* (König, Zedler 2002, S.60) Es handelt sich dabei um eine Art Schaubild aus Kärtchen mit den Subjektiven Konstrukten des Interviewpartners und weiteren Kärtchen mit Relationsverknüpfungen wie z.B: „wenn – dann", so wie der Interviewer sie interpretiert hat. Der Interviewer und sein Gesprächspartner müssen in einem weiteren Schritt einen Konsens darüber finden, ob das Schaubild der Subjektiven Theorie des Probanden entspricht und es ggf. nachkorrigieren bis beide einverstanden sind.

Im Rahmen dieser Untersuchung fiel die Entscheidung über die Erhebungsmethode auf das Leitfadeninterview, weil es zum einen die klassische Methode der Erhebung ist und zum anderen schnell und gezielt die Informationen vom Interviewpartner erfasst werden können, im Gegensatz zu den übrigen genannten Methoden.

4. 2.2 Das Konstrukt-Interview

Ein Unterschied zu anderen Leitfadeninterviews ist, dass der Interviewer durch gezieltes Nachfragen herausfinden muss, was sein Proband mit seinen jeweiligen Begriffen wie z.B. Saftladen oder Spaß meint, denn wie im Prinzip der Kommunikativität (Kapitel 4.2.1) zuletzt erwähnt, kann der Forscher nicht davon ausgehen die Konstrukte des Probanden zu kennen. Die einzelnen Verfahren – Fokussieren, Nachfragen getilgter Informationen und das Widerspiegeln werden in Kapitel 4.3.4 näher erläutert.
Ziel des Konstruktinterviews ist es, die Sichtweisen des Probanden möglichst unverzerrt zu erfassen. Zudem sind mehrere Sichtweisen zu dem Untersuchungsgegenstand zu berücksichtigen. (Vgl. König, Volmer 2005, S. 86)
Um dies zu gewährleisten, bedarf es laut König einer umfassenden Vorbereitung, die im Folgenden erläutert wird.

- **Untersuchungsziel und Verwendungszweck**

Zunächst einmal muss festgelegt werden, was genau untersucht werden soll und wofür die Ergebnisse Verwendung finden sollen. Damit sind das Untersuchungsziel und der Verwendungszweck angesprochen, die im Vorhinein festgelegt werden.

- **Grundgesamtheit und Stichprobe**

Daran anschließend müssen die Grundgesamtheit und die Stichprobe für die eigene Untersuchung festgelegt werden.

> *„Die Grundgesamtheit in einem Konstruktinterview sind diejenigen Personen, die Auskunft zum Untersuchungsgegenstand und Untersuchungsziel geben können."* (König, Volmer 2005, S. 86)

Um mehrere Sichtweisen zu dem Untersuchungsgegenstand zu erfassen, ist es sinnvoll die Grundgesamtheit zu schichten, das heißt, mehrere Zielgruppen in der Grundgesamtheit zu berücksichtigen. Dabei ist noch einmal zu unterscheiden zwischen internen und externen Sichtweisen. So können z.B. die Teilnehmer einer Fortbildung die inneren Sichtweisen vertreten, während der Trainer oder ein Vorgesetzter die externen Perspektiven einnehmen.

Die Stichprobe wird aus der Grundgesamtheit entnommen. Sie gibt an, welche Personen zu interviewen sind. Bei qualitativen Interviews ist die Stichprobengröße wesentlich geringer als bei einer quantitativen Befragung. Wenn die Grundgesamtheit eine Schichtung enthält, wird auch die Stichprobe geschichtet. Ist die Gruppe homogen, enthält also keine Schichtung, sollten mindestens zwei bis drei Personen interviewt werden, um einseitige Darstellungen zu vermeiden (Vgl. König, Volmer 2005, S. 90).

- **Festlegung des Leitfadens**

Ziel der Leitfragen ist es, die subjektive Wirklichkeit des Interviewpartners zu dem Untersuchungsgegenstand möglichst unverfälscht zu erfassen. Das Konstruktinterview wird daher durch wenige, offene Leitfragen gelenkt. Offen bedeutet in dem Fall, dass die Fragen so formuliert sein müssen, dass der Interviewpartner die Gelegenheit hat seine persönliche Meinung frei zu äußern und selbstständig Schwerpunkte setzen zu können und diese dann erläutert. Es soll ein grober Leitfaden mit ca. drei bis sechs Fragen erstellt werden. Die Leitfragen sind im Blick auf das Untersuchungsziel, den Verwendungszweck und die Gruppe der Interviewten zu formulieren und zu begründen.

Die Einstiegsfrage sollte für den Interviewten schnell und einfach zu beantworten sein. Sie dient in der Regel dazu, den Probanden langsam in das Thema einzuführen und ihn mit dem Untersuchungsgegenstand und der Interviewsituation vertraut zu machen. König nennt als mögliche Einstiege, den Probanden zum Thema assoziieren zu lassen oder nach Tätigkeiten, Abläufen oder Sachverhalten zu fragen (Vgl. König, Volmer 2005, S. 91f.).

In einem ersten Schritt sollte mittels eines Brainstormings eine Sammlung von möglichen Leitfragen erstellt werden. Anschließend gilt es dann eine Auswahl von drei bis sechs Leitfragen zu treffen, die die oben genannten Kriterien erfüllen. Es muss bedacht werden, dass die Reihenfolge der Leitfragen einer Art „rotem Gedankenfaden" folgen, damit der Interviewpartner nicht den Eindruck gewinnt, dass Gedankensprünge im Interview entstehen. Das könnte zu einer Irritation des Probanden führen und die Qualität des Interviews mindern. In einem letzten Schritt wird der erstellte Leitfaden in einem Probeinterview getestet, denn oftmals ist die erste Version noch nicht die endgültige. Leitfragen könnten vom Interviewpartner falsch verstanden werden oder die Reihenfolge der Fragen führt den Probanden z.B. gedanklich in eine andere Richtung als vom Forscher gewünscht. Nach dem Probeinterview können einzelne Leitfragen noch einmal überarbeitet werden.

Nicht immer spricht der Interviewpartner auf eine Leitfrage alle Aspekte an, die den Forscher interessieren. In diesem Fall können Nachfragekategorien helfen, hierzu Informationen vom Probanden zu erhalten. Die Schwierigkeit liegt allerdings darin,

> *„dass dem Gesprächspartner solche Nachfragekategorien übergestülpt werden, indem sie die Aufmerksamkeit des Gesprächspartners auf Bereiche lenken, die für ihn im Grunde keine Rolle spielen."* (König, Volmer 2005, S. 95)

- Die Durchführung

Das qualitative Interview soll zwar eine natürliche Kommunikationssituation darstellen, jedoch unterscheidet es sich maßgeblich von einem alltäglichen Gespräch. Die Situation wird als Interview definiert. Dies hat einen anderen Bezugsrahmen als ein Alltagsgespräch, es gelten andere Regeln. So hat der Interviewer das Recht dem Interviewten Fragen zu stellen und darf ggf. auch nachfragen. Der Interviewte lässt sich darauf ein und beantwortet die Fragen (Vgl. König, Volmer 2005, S. 96). Zu diesem Zweck ist das Interview in drei Phasen unterteilt: Orientierungs-, Erhebungs- und Abschlussphase. Diese werden nun genauer erläutert.

Orientierungsphase

In der Orientierungsphase geht es darum, dem Probanden Sicherheit zu vermitteln, erstens auf der Inhaltsebene und zweitens auf der Beziehungsebene. Beides ist unbedingt nötig, um das Vertrauen des Interviewpartners zu stärken, um eine möglichst positive Kommunikationssituation zu schaffen, in der er sich wohl fühlt.

„Von der Beziehungsebene wird es abhängen, wie weit der Gesprächspartner bereit ist, sich zu öffnen und Informationen von sich zu geben." (König, Volmer 2005, S. 97)

Oberste Priorität hat dementsprechend die Schaffung einer positiven Beziehung zum Interviewpartner. Hier kann der Interviewer an mehreren Punkten positiv einwirken.

Das fängt bei der eigenen Einstellung an. Wenn der Interviewer den Proband nicht ernst nimmt und das Interview nur schnell hinter sich lassen möchte, bleibt das nicht unbemerkt und hat zur Folge, dass der Proband sich nicht öffnet. Es ist daher wichtig, sich vor Augen zu führen, dass eben dieser Gesprächspartner ein Fachmann auf seinem Gebiet ist und nur er die benötigten Informationen hat. Diese Haltung spiegelt sich wieder im aufmerksamen Zuhören, Konzentration, Interesse an den Aussagen des Gesprächspartners und an der Sympathie für das Gegenüber.

Auch das äußere Umfeld hat Einfluss auf die Beziehung, z.B. wo das Interview durchgeführt wird, sagt etwas über die Wertschätzung des Interviewpartners aus.

Gerade mit der nonverbalen Kommunikation zwischen zwei Menschen zeigt sich die Qualität der Beziehung, denn man kann laut Watzlawicks erstem Axiom *„nicht nicht kommunizieren"* (Watzlawick 1996, S. 53). Das Gegenüber interpretiert fortwährend die Körpersignale des Interviewers. Sind diese negativ, wird der Proband sich nicht öffnen, sind sie hingegen positiv, wirkt sich das auch positiv auf die Beziehungsebene aus. Zur Herstellung einer positiven Beziehung hat das Neurolinguistische Programmieren das so genannte Spiegeln („Pacing") beigetragen. Dies meint, dass Gesprächspartner, die sich sympathisch finden und „auf einer Wellenlänge" sind, eine ähnliche Körperhaltung einnehmen. Dies darf natürlich nicht als bloße Technik angewendet werden. Dieser Manipulationsversuch würde schnell vom Gesprächspartner enttarnt werden. Sie muss einer natürlichen, interessierten, ehrlichen Einstellung entspringen, da sie sonst sogar vom Gesprächspartner als abwertend verstanden werden könnte. (Vgl. König, Volmer 2005, S. 98)

Um zu Beginn des Interviewtreffens eine positive Grundstimmung zu erzeugen, ist es daher sinnvoll, nicht sofort mit dem Thema einzusteigen, sondern dem Gesprächspartner erst einmal Zeit zu geben, sich an die neue, ungewohnte Situation und den Interviewer als Person zu gewöhnen und sich auf das Kommende einzustellen. Aber auch auf der Inhaltsebene benötigt der Interviewpartner genug Orientierung und Sicherheit. Der Interviewer muss seinen Gesprächspartner darüber aufklären, wer er eigentlich ist und in welcher Funktion er das Interview führt. Zudem sollte erläutert werden, was das genaue Untersuchungsziel ist und wofür die Daten verwendet werden. Interessant für den zu Interviewenden ist auch, wer später Einsicht in die Daten bekommt, und ob er selber anonym bleiben darf. Auch die Angabe, ob der Gesprächspartner später noch einmal Einsicht in das Interview bekommt, ist relevant.

Vor Beginn der eigentlichen Interviewerhebungsphase sollte der Interviewer von seinem Gesprächspartner noch einmal die ausdrückliche Zustimmung erhalten, dass er zu dem Interview bereit ist, und ob er damit einverstanden ist, dass das Gespräch mit Tonband aufgenommen wird. Andersfalls muss der Interviewer den geäußerten Bedenken noch einmal auf den Grund gehen und diese ausräumen.

Erhebungsphase

Wie schon erwähnt, kann der Forscher nicht davon ausgehen, dass er die konstruierte Wirklichkeit des Probanden auch richtig versteht, da gerade in Interviews der Interviewer *"in eine ihm fremde Lebenswelt eintritt."* (König, Volmer 2005, S. 85) Der Forscher muss eine professionelle Naivität den Konstrukten des Gesprächspartners entgegenbringen und diese hinterfragen, um sie nicht ungewollt misszuverstehen. Agar spricht in diesem Fall von dem Interviewten als „professionellem Fremdem", dessen Wirklichkeitskonstrukte grundsätzlich erst einmal unbekannt sind. (Vgl König, Volmer 2005, S. 85).

> *„D.h. es kommt darauf an, die Bedeutung der jeweiligen Konstrukte nachzufragen und den Interviewpartner zu veranlassen, die von ihm verwendeten Konstrukte und damit auch die entsprechenden Diagnose- und Erklärungshypothesen sowie seine subjektiven Ziele und Strategien zu klären."* (König, Volmer 2000, S. 158.)

Festlegung der Explikationstechniken

Die folgenden Verfahren (König, Volmer 2005, S. 54f.) dienen dem Forscher dazu eben diese Konstrukte etc. aufzudecken.

- Fokussieren

In Interviews kommt es immer wieder vor, das der Gesprächspartner pauschale und allgemein gehaltene Formulierungen benutzt. Um die fehlenden Informationen zu erhalten, bittet der Forscher den Probanden, dies an einem konkreten Beispiel zu verdeutlichen oder fragt mit weiteren, gezielten Fragen genauer nach, bis genug Klärung erfolgt ist.

- Erfragen getilgter Informationen

Bei dem Nachfragen verdeckter Informationen geht es darum, die subjektiven Deutungen des Probanden zu erfahren. Oftmals äußert der Gesprächspartner nur ein Teil der Gedanken und Deutungen, die er zu einem Konstrukt, einer Situation oder einem Thema hat, weil ihm dies in der Situation gar nicht bewusst ist. Jede Person hat z.B. zu dem Konstrukt „Spaß" eine andere Interpretation und der Forscher darf nicht seine Konstruktion dem Probanden überstülpen, sondern ist dazu angehalten seine Interpretation zu erfragen. *„Durch gezieltes Nachfragen ist es möglich, diese verdeckten Erfahrungen aufzudecken."* (König, Volmer 2005, S. 54)

- Widerspiegeln

Ziel des Widerspiegelns ist es, die Kerngedanken des Gesprächspartners zu erfassen. Dies geschieht durch das Paraphrasieren oder Strukturieren des Gesprächsinhaltes oder der Empfindungen. Das Verfahren des Paraphrasierens ist das Wiederholen der Aussagen des Probanden in eigenständig gewählten Worten. Beim Strukturieren werden die Hauptaussagen des Gesprächspartners noch einmal pointiert zusammengefasst. Das Widerspiegeln der Empfindungen („Aktives Zuhören" nach Thomas Gordon) basiert auf der Fähigkeit des Forschers die wahrgenommenen, aber nicht artikulierten Empfindungen des Probanden in Worte zu formulieren und mittels des Feedbacks eine Rückmeldung darüber zu erhalten, ob diese Wahrnehmung korrekt war.

Abschlussphase

In dieser letzten Phase des Interview geht es darum, dass Interview zu beenden. Der Proband sollte noch einmal gefragt werden, ob er noch etwas ergänzen möchte oder weitere Hinweise hat. Zudem muss geklärt werden, ob und wenn ja, wie der Kontakt bestehen bleibt, z.B. zwecks Informationen über die Ergebnisse der Untersuchung. Abschließend sollten dem Gesprächspartner noch einmal gedankt werden für seine Zeit, sein Interesse an der Untersuchung und seinem Mitwirken.

4.3 Entwicklung des eigenen Forschungsdesigns

Im Folgenden wird das in Kapitel 4.2 theoretisch erläuterte Vorgehen bei einem qualitativen Forschungsdesign auf die eigene Untersuchung übertragen und ein eigenes Design entwickelt.

4.3.1 Festlegung des Untersuchungsziels und des Verwendungszwecks

Das Untersuchungsziel leitet sich direkt von der Zielstellung dieser Untersuchung ab:
Ziel ist, die Subjektiven Theorien von Computerspieler über Computerspiele und Computerspielsucht am Beispiel des MMORPG World of Warcraft zu untersuchen.
Der Verwendungszweck lautet:
Mit den Ergebnissen dieser Studie sollen Spieler unterstützt werden, damit sie die Kontrolle über das Spiel behalten.

4.3.2 Festlegung der Grundgesamtheit und Stichprobe

Die Grundgesamtheit derer, die Auskunft über das Computerspiel „World of Warcraft" und Computerspielsucht geben können, sind alle Spieler dieses MMORPGs. Eine Schichtung nach Alter oder Geschlecht ist nicht vorgesehen, weil die benötigte Datenmenge bei einer solchen Schichtung den Zeitrahmen dieser Untersuchung sprengen täte. Somit ergibt sich eine heterogene Grundgesamtheit. Die Stichprobe setzt sich zusammen aus insgesamt fünf Personen.

4.3.3 Entwicklung und Begründung des Leitfadens

Die Leitfragen orientieren sich an dem Theorieteil zur Festlegung des Leitfadens in Kapitel 4.2.2. Im Folgenden werden die einzelnen Leitfragen vorgestellt und anschließend begründet.

Frage 1: Was fällt dir spontan ein, wenn du an „World of Warcraft" denkst?

Die Einstiegsfrage dient der leichten und schnellen Einführung des Interviewpartners in das Thema. Zudem werden hier erste Assoziationen in Blick auf die Subjektiven Konstrukte zum Computerspiel „World of Warcraft" erfasst.

Frage 2: Dem Spiel wird in den Medien nachgesagt, dass es süchtig macht.
  2.1: Wie erlebst du das bei dir?
  2.2: Wie erlebst du das bei anderen?

Die Leitfrage bezieht sich auf das Untersuchungsziel. Sie wird zunächst durch eine provokante Aussage eingeleitet, so dass der Interviewte zu der Aussage Stellung beziehen muss. Die Leitfrage ist zweigeteilt angelegt, um zu unterscheiden zwischen dem Spieler selber und seiner Wahrnehmung bei anderen Computerspielern.

> **Frage 3: Wie entsteht Computerspielsucht deiner Meinung nach?**
> **Nachfragekategorie: Wie trägt „World of Warcraft" deiner Meinung nach dazu bei, dass Spieler computerspielsüchtig werden?**

Auch Leitfrage 3 nimmt noch einmal Bezug zum Untersuchungsziel. In diesem Fall wird nach der Erklärungshypothese zur Computerspielsucht gefragt. Die Nachfragekategorie verengt den Blickwinkel noch einmal speziell auf „World of Warcraft" und dessen Spielmechanik.

> **Frage 4: Welche Tipps würdest du anderen Spielern geben, damit sie die Kontrolle über das Spiel behalten?**

Diese Frage richtet den Blick auf den Verwendungszweck. Hier geht es speziell um Tipps für Computerspieler von Computerspielern.

> **Frage 5: Was sollte deiner Meinung nach getan werden, um Computerspieler davor zu schützen süchtig zu werden?**
> **Nachfragekategorie: Wer sollte etwas tun und was? (Eltern, Lehrer, Freunde, Staat)**

Diese Leitfrage widmet sich auch noch einmal dem Verwendungszweck. In diesem Fall liegt die Blickrichtung allerdings auf dem Umfeld des Computerspielers. In der Nachfragekategorie wird spezieller auf bestimmte Gruppen eingegangen.

4.3.4 Probeinterview

Der Leitfaden soll zunächst in einem Probeinterview getestet werden, um eventuelle Nachkorrekturen noch rechtzeitig beheben zu können. Das Probeinterview fand am 7. April 2009 im Garten des Probanden „Bogomil" statt. Das Interview dauerte 38 Minuten.

An zwei Punkten hakte es im Interview: Zum einen bat mich der Proband am Ende des Interviews, als er um ein kurzes Statement zum Interview gebeten wurde, vor dem Interview (in der Orientierungsphase) mehr zum Verwendungszweck zu sagen. Des Weiteren gab er den Tipp mit dem Probanden schon vorher abzusprechen, ob sie die

Ergebnisse auch zugeschickt bekommen. In Bezug auf das eigentliche Interview bleibt festzuhalten, dass die Fragen 1, 2 und 3 so beibehalten werden können.

Bei Frage 4 hatte der Proband Schwierigkeiten zu verstehen, dass es dabei um normale Computerspieler ging und nicht um Computerspielsüchtige. Er gab den Tipp in der Orientierungsphase nicht so sehr das Thema Computerspielsucht in den Vordergrund zu stellen und vor der Frage 4 ein paar einleitende Worte zu sagen, die deutlich machen, dass es nun nicht mehr um Computerspielsucht, sondern um gewöhnliche Computerspieler geht.

Das Probeinterview erwies sich nichtsdestotrotz verwertbar als vollwertiges Hauptinterview.

Bezüglich Frage 5 wurde Abstand davon genommen Nachfragekategorien zu formulieren. Der Grund dafür ist, dass der Proband frei entscheiden soll, welche Gruppierungen er für wichtig erachtet und welche weniger oder gar nicht.

4.3.5 Endgültige Festlegung des Leitfadens

Die folgenden Fragen bilden den fertigen Leitfaden, der für die Hauptinterviews verwendet wurde:

Frage 1: Was fällt dir spontan ein, wenn du an „World of Warcraft" denkst?

Frage 2: Dem Spiel wird in den Medien nachgesagt, dass es süchtig macht.
    2.1: Wie erlebst du das bei dir?
    2.2: Wie erlebst du das bei anderen?

Frage 3: Wie entsteht Computerspielsucht deiner Meinung nach?
    3.1: Wie trägt „World of Warcraft" deiner Meinung nach dazu bei, dass Spieler computerspielsüchtig werden?

Frage 4: Welche Tipps würdest du anderen Spielern geben, damit sie die Kontrolle über das Spiel behalten?

Frage 5: Was sollte deiner Meinung nach getan werden, um Computerspieler davor zu schützen süchtig zu werden? Wer sollte etwas tun und was?

4.4 Durchführung der Hauptinterviews

Die Erhebung der fünf Interviews fand in dem Zeitraum vom 7. bis zum 15. April 2009 statt. Die fünf Interviewpartner – drei Männer und zwei Frauen – sind zwischen 24 und 37 Jahre alt und spielen World of Warcraft seit mindestens einem Jahr. Die Interviews dauerten zwischen 15 und 38 Minuten.

4.4.1 Phasen der Durchführung

In Anlehnung an die in Kapitel 4.2.2 theoretisch fundierten Phasen der Interviewführung, wurden auch die fünf Interviews unter diesen Gesichtspunkten geführt.

Alle Interviewpartner waren der Interviewerin schon vor Beginn der Untersuchung persönlich bekannt. Zwei der fünf Personen sind Bekanntschaften, die erst durch „World of Warcraft" entstanden sind.

Drei der fünf Interviews wurden bei den Probanden zu Hause geführt. Eine Interviewpartnerin und ein Interviewpartner entschieden sich aus Eigenantrieb dazu, das Gespräch bei der Interviewerin zu Hause zu führen, obwohl das Angebot stand, es bei ihnen daheim zu führen.

Der Weg der Einladung zum Interview erfolgte auf dem mündlichen, persönlichen Weg, da den Probanden schon bekannt war, dass die Interviewerin nach Interviewpartnern für ihre Untersuchung sucht.

Alle Probanden erhielten zusammen mit der Einladung zum Interview auch einen Kurzüberblick über das, was sie erwarten würde: Informationen über das Thema der Untersuchung, dem Untersuchungsziel, dem Verwendungszweck, sowie der geschätzten Länge (ca. 30-45 Min.) des Interviews. Des Weiteren wurde gesagt, dass das Interview digital aufgezeichnet würde und dass alle Daten anonym bleiben. Alle Probanden waren im Vorgespräch damit einverstanden.

Orientierungsphase

Alle Interviews wurden zunächst mit einem Gespräch über alltägliche Dinge eingeleitet. Da die Probanden der Interviewerin bereits persönlich bekannt waren, war die Orientierung auf der Beziehungsebene eher nebensächlich, da eine ausreichende Vertrauensbasis bereits bestand. Trotzdem war es der Interviewerin wichtig, dass möglichst viele Gespräche in der vertrauten Umgebung ihrer Probanden stattfanden,

um sicherzustellen, dass sie sich voll und ganz in ihrer Haut wohl fühlen.
Zum Einstieg ins Thema wurden zunächst noch einmal die im Vorgespräch erwähnten Informationen gegeben, da zwischen dem Vorgespräch und dem Interview zum Teil mehrere Wochen lagen. Zudem wurde mit jedem Interviewpartner ein Kontrakt darüber geschlossen, dass die Anonymisierung dadurch gewährleistet wird, dass statt einer Namensabkürzung der Name seines Avatars in „World of Warcraft" benutzt wird.
Wie bereits erwähnt, wurden drei der fünf Interviews zu Hause bei den Probanden geführt, bei zweien davon im Garten. Die zwei übrigen Probanden zogen es vor, bei der Interviewerin zu Hause interviewt zu werden, da ihrer beider Arbeitsplatz in der Nähe der Interviewerin ist.

Erhebungsphase
Die in Kapitel 4.2.2 aufgeführten Explikationstechniken sind Grundlage des genutzten Interviewvorgehens und wurden während der Interviews eingesetzt.

Die Abschlussphase
Alle Interviewpartner wurden abschließend noch einmal gefragt, ob sie weitere Ergänzungen oder Hinweise hätten. Es wurde zudem ein Kontrakt darüber geschlossen, dass jeder sein transkribiertes Interview per Mail zugeschickt bekommt und mit Abschluss der Untersuchung über die Ergebnisse informiert wird. Allen Gesprächspartnern wurde noch einmal recht herzlich gedankt für ihre Mithilfe.

4.4.2 Anmerkungen zu den Interviews

Im Folgenden werden zu jedem Interview die wichtigsten Eckdaten und wichtige Hinweise zum Interview protokolliert.

- Bogomil
Dieses Interview war zunächst als Probeinterview geplant. Es fand am 7. April 2009 im Garten des Interviewpartners statt. Die Erhebungsphase des Interviews dauerte 38 Minuten. Einzige Störquelle war, dass alle 30 Minuten eine Eisenbahn in der Nähe fuhr, währenddessen das Interview kurzzeitig unterbrochen werden musste. Das Interview erwies sich aber als vollwertiges Hauptinterview, da nur wenige, kleine Änderungen am Leitfaden vorgenommen werden mussten.

- Wuzzi
Das Interview wurde am 8. April 2009 auf Wunsch der Probandin bei der Interviewerin

zu Hause geführt, da ihr Arbeitsplatz in der Nähe liegt. Sie wirkte zu Anfang sehr nervös, weil sie Bedenken hatte, dass sie die Fragen nicht ordnungsgemäß qualitativ hochwertig für eine Untersuchung beantworten könnte. Die Orientierungsphase wurde daher ausgeweitet und bestehende Zweifel erst beseitigt, bevor in die eigentliche Erhebungsphase gewechselt wurde. Das Interview dauerte 22 Minuten.

- Nayuki

Auch dieses Interview wurde auf Wunsch des Probanden bei der Interviewerin zu Hause geführt, weil auch sein Arbeitsplatz nahe bei ist. Das Interview wurde am 12. April 2009 geführt und dauerte 15 Minuten.

- Trinje

Das Interview fand am 15. April 2009 im Garten des Probanden statt und dauerte 30 Minuten.

- Nirca

Dieses Interview fand ebenfalls am 15. April 2009 statt in der Wohnung der Probandin. Das Interview dauerte 27 Minuten.

4.4.3 Methodische Reflexion eines Hauptinterviews

Im Folgenden wurde das Interview mit „Wuzzi" ausgewählt, um am Beispiel dieser Datenerhebung eine kurze forschungsmethodische Auswertung durchzuführen. Das Originalinterview ist im Anhang in Textform abgedruckt. Zitationen werden mit den jeweiligen Zeilennummern angegeben, z.B. „Z 22" bedeutet „Zeile 22".

In Leitfrage 1 hätten noch zwei weitere Konstrukte nachgefragt werden können: „Stress abbauen" (Z 12) und „abschalten" (Z 14). Dies hätte noch ein umfassenderes Bild zum Konstrukt „Spaß" geliefert.

In der Antwort zu Leitfrage 2 trifft die Probandin die Aussage „Ich merke, dass das Spiel wirklich süchtig macht." (Z 27/28). Hier wurde versäumt nachzufragen, z.B. „Was macht deiner Meinung nach an dem Spiel süchtig?". Diese Frage wurde nur indirekt gestellt in Z 57f., indem die Probandin danach gefragt wird, warum ihr Freund denkt, dass sie süchtig sei. So wurde verpasst, ihre eigene Einschätzung bzgl. dessen, was ihrer Meinung nach an „World of Warcraft" süchtig macht, zu erfassen. Die Probandin macht in diesem Zusammenhang auch die Aussage „Ich denke mal, dass die Realität ein wenig verfälscht wird, wenn man selber spielt." (Z 66f.) Auch hier wurde versäumt nachzuhaken, was sie genau damit meint. Stattdessen wird in eine für das Interviewthema irrelevante Richtung nachgefragt (Z. 74 – Z 111). In Z. 146 spricht die Probandin von den Nachteilen, wenn man nicht spielen kann. Dies hätte konkreter nachgefasst werden müssen.

In Frage 3 klappt das Nachfragen besser, es ist zielgenauer auf das Thema gerichtet. Nachdem die Probandin in Leitfrage 4 (Z. 243) aufhört zu erzählen, hätte noch einmal nachgefragt werden müssen, ob ihr noch weitere Tipps einfallen. Durch diese Nachlässigkeit wurde der Probandin die Chance genommen, noch einmal nachzudenken und weitere Tipps zu formulieren.

Zu Beginn von Leitfrage 5 wird der Fokus von der Interviewerin direkt auf die Eltern gesetzt, anstatt die Probandin erst einmal frei auf die Frage antworten und selber Schwerpunkte setzen zu lassen. Dass sie bereits die Gruppe der Eltern und Freunde angesprochen hat, hätte auch zu einem späteren Zeitpunkt noch thematisiert werden können. Das freie Assoziieren hat Vorrang.

Zusammenfassend kann gesagt werden, dass die Leitfragen grundsätzlich gut gegriffen haben. Der Interviewerin hat die Routine im Interview gefehlt, um zum richtigen Zeitpunkt immer das Entscheidende nachzufragen. Eine Interview-Routine hätte die anfängliche Nervosität der Interviewerin gemindert. Diese bewirkte, dass sie sehr fixiert darauf war, zum richtigen Zeitpunkt die richtige Nachfrage zu stellen. Sie versuchte es, indem sie auf einem Block die wichtigsten Stickworte notierte, jedoch versteifte sie sich zu sehr in eine Richtung, so dass einige Nachfragen versäumt wurden.

In dieser Reflexion wurden nur Negativbeispiele erwähnt, die verbesserungswürdig erscheinen, aber viele andere Nachfragen waren gut platziert. Das Interview steht und fällt mit der Qualität der Gesprächsführung. Andererseits kann nicht jedes Konstrukt erfragt werden, weil sonst der Gesprächsfluss darunter leidet.

Als Verbesserung zum nächsten Interview sollte sich die Interviewerin noch mehr Zeit nehmen, das Gesagte selber zu verarbeiten, denn nicht nur die Probandin braucht Zeit, um auf die gestellten Fragen zu antworten, auch die Interviewerin braucht Zeit, um die entscheidenden Fragen zu formulieren. Es geht nicht darum, nur den Gesprächsfluss aufrecht zu erhalten.

5. Auswertung und Darstellung der zentralen Ergebnisse

In diesem Kapitel geht es um die Auswertung der Interviews. Zu diesem Zweck wird die Methode der qualitativen Inhaltsanalyse zunächst als Auswertungsmethode begründet und vorgestellt. Daran anschließend wird das eigene Auswertungsdesign erstellt und mit Hilfe dieser Methode die Auswertung vorgenommen. Abschließend wird eine inhaltliche Auswertung durchgeführt und die zentralen Ergebnisse präsentiert.

5.1 Die Qualitative Inhaltsanalyse als Auswertungsmethodik

5.1.1 Die qualitative Inhaltsanalyse

Die qualitative Inhaltsanalyse ist eine Textanalysemethode, die zum Ziel hat, anhand von Regeln systematisch und streng methodisch kontrolliert das Datenmaterial zu analysieren.Wichtig ist dabei, dass die Ergebnisse intersubjektiv überprüfbar sein müssen (Vgl. Mayring 2003, S.43)

Das Material wird in Einheiten unterteilt, die schrittweise bearbeitet werden. Dadurch können auch größere Datenmengen, wie z.B. bei mehreren qualitativen Interviews adäquat ausgewertet werden. Mit Hilfe des eigens für das jeweilige Datenmaterial entwickelte theoriegeleitete Kategoriensystem, werden die entscheidenden Aspekte aus dem Material herausgefiltert und anschließend aufbereitet (Vgl. Mayring 2002, S. 114).

Mayring unterscheidet dabei drei Grundformen der qualitativen Inhaltsanalyse: die Zusammenfassung, die Explikation und die Strukturierung.

- Zusammenfassung:

„Ziel der Analyse ist es, das Material so zu reduzieren, dass die wesentlichen Inhalte erhalten bleiben, durch Abstraktion ein überschaubares Korpus zu schaffen, dass immer noch ein Abbild des Grundmaterials ist." (Ebd., S. 115)

- Explikation

„Ziel der Analyse ist es, zu einzelnen fraglichen Textstellen (Begriffen, Sätzen ...) zusätzliches Material heranzutragen, das das Verständnis erweitert, das die Textstelle erläutert, erklärt, ausdeutet." (a.a.O.)

- Strukturierung

„Ziel der Analyse ist es, bestimmte Aspekte aus dem Material herauszufiltern, unter vorher festgelegten Ordnungskriterien einen Querschnitt durch das Material zu legen oder das

Material auf Grund bestimmter Kriterien einzuschätzen." (a.a.O.)

Für die Auswertungsmethode dieser Studie wurde sich deshalb für die strukturierende Inhaltsanalyse entschieden, da bestimmte Aspekte aus dem Material herausgefiltert werden sollen aufgrund bestimmter Kriterien.
Im Folgenden wird das Ablaufmodell der qualitativen Inhaltsanalyse vorgestellt (Vgl. Mayring 2003, S. 46 -54):

a) Bestimmung des Ausgangsmaterials
Zu Beginn steht eine genaue Analyse des Ausgangsmaterials, um zu entscheiden, was interpretierbar ist. Dieses Vorgehen ist unter Quellenkritik bekannt.

- **Festlegung des Materials**

In diesem Schritt wird definiert, welches Material für die Analyse verwendet werden darf. Hier ist darauf zu achten, dass die Grundgesamtheit präzise definiert ist, die Stichprobengröße nach Repräsentativität und Ökonomie der Untersuchung festgelegt wird, und dass die Stichprobe nach einem vorher festgelegten Verfahren vorgenommen wird.

- **Analyse der Entstehungssituation**

Es wird in diesem Schritt genau festgehalten, wer an der Erfassung des Datenmaterials beteiligt war und wie der „emotionale, kognitive und der Handlungshintergrund des Verfassers" ist. Zudem wird festgehalten, wer die Zielgruppe ist, die konkrete Entstehungssituation sowie der sozio-kulturellen Hintergrund.

- **Formale Charakteristika des Materials**

Als nächstes wird festgehalten, in welcher Form das Datenmaterial vorliegt und wer es in diese Form gebracht hat.

b) Fragestellung der Analyse
Datenmaterial kann nicht einfach interpretiert werden ohne irgendeine Blickrichtung. Es verlangt eine konkrete Fragestellung, die in den folgenden zwei Unterpunkten bestimmt werden soll:

- **Richtung der Analyse**

Das Material lässt Aussagen in die unterschiedlichsten Richtungen zu, z.B. Aussagen über den Verfasser, die Wirkung des Gesagten bei der Zielgruppe oder über den Gegenstand des Gesprächsthemas. Vorab muss eine Konkretisierung der Richtung stattfinden.

- Theoriegeleitete Differenzierung der Fragestellung

Die Fragestellung der Analyse muss an die bisherige Forschung zu dem Untersuchungsgegenstand anschließen und präzise formuliert werden, ggf. auch durch weitere Unterfragestellungen.

c) Ablaufmodell der Analyse

Die Ablaufschritte sind bis zu diesem Punkt immer gleich. Ab hier verändern sie sich je nach gewählter Analysetechnik.

- Festlegung der Analysetechnik und des dazugehörigen Ablaufmodells

Die weiter oben beschriebenen drei Grundformen nach Mayring können gewählt werden: Zusammenfassung, Explikation, Strukturierung. Jede dieser Techniken hat eine Veränderung des Ablaufmodells zur Folge.

- Festlegen von Analyseeinheiten

Um die Inhaltsanalyse weiter zu präzisieren, werden Analyseeinheiten festgelegt.

„*- Die Kodiereinheit legt fest, welches der kleinste Materialbestandteil ist, der ausgewertet werden darf, was der minimale Textteil ist, der unter eine Kategorie fallen kann.*

- Die Kontexteinheit legt den größten Textbestandteil fest, der unter eine Kategorie fallen kann.

- Die Auswertungseinheit legt fest, welche Textteile jeweils nacheinander ausgewertet werden." (Mayring 2003, S. 53)

- Analyseschritte mittels des Kategoriensystems

Dieser Analyseschritt ist abhängig von der gewählten Analysetechnik. Das Kategoriensystem wird je nach gewählter Technik anders aufgebaut. Einzige Gemeinsamkeit ist, dass „*diese Kategorien in einem Wechselverhältnis zwischen der Theorie (der Fragestellung) und dem konkreten Material entwickelt, durch Konstruktions- und Zuordnungsregeln definiert und während der Analyse überarbeitet (...)*" (Mayring 2003, S. 53) wird.

- Rücküberprüfung des Kategoriensystems an Theorien und Material

Das Kategoriensystem wird während des gesamten Auswertungsprozesses an der Theorie und dem vorliegenden Datenmaterial nochmals rücküberprüft. Änderungen können jederzeit vorgenommen werden.

- Interpretation der Ergebnisse in Richtung der Hauptfragestellung

Anschließend werden die Ergebnisse im Blick auf die Fragestellung(en) interpretiert.

- Anwendung der inhaltsanalytischen Gütekriterien

Die Ergebnisse werden mit Hilfe der inhaltsanalytischen Gütekriterien auf ihre Aussagekraft hin eingeschätzt.

5.1.2 Die strukturierende Inhaltsanalyse

Ziel der Strukturierung ist es, eine bestimmte Struktur aus dem Material herauszufiltern, und diese wird durch das spezielle Kategoriensystem erzeugt. Entscheidend ist dabei, dass diese Strukturierung sich aus der Fragestellung ableitet und theoretisch begründet werden kann. Die gebildeten Kategorien müssen drei weitere Informationen enthalten (Vgl. Mayring 2002, S. 118f.), die als Bestimmungen in einem Kodierleitfaden für den Auswerter enthalten sind.

a) Definition der Kategorie: Hier wird festgelegt, welche Textbestandteile in die Kategorie fallen.

b) Ankerbeispiel: Dies ist ein konkretes Textbeispiel, welches nach der Definition in die Kategorie fällt und an dem man sich bei weiteren Textfragmenten zur Einordnung orientieren kann.

c) Kodierregeln: Hiermit werden Zuordnungs- und Abgrenzungsregeln festgelegt, um eine eindeutige Zuordnung zu den (Unter-) Kategorien zu gewährleisten.

In einem ersten Materialdurchlauf werden der Kodierleitfaden und das Kategoriensystem getestet. Hier wird noch einmal geschaut, ob die Kategorien greifen und das Material anhand des Leitfadens problemlos zugeordnet werden kann. Treten Probleme auf, muss eine Korrektur erfolgen.

Dieser Testlauf unterteilt sich wie der Hauptdurchgang in zwei Arbeitsschritte. Zunächst einmal werden alle Fundstellen, die in die entsprechende Kategorie eingeordnet werden können, markiert. Dies geschieht z.B. durch Notierung der Kategoriennummer am Rand oder mittels farblicher Markierung der Textstellen. Im zweiten Schritt *„wird je nach Art der Strukturierung das gekennzeichnete Material dann herausgefiltert, zusammengefasst und aufgearbeitet."* (Mayring 2002, S. 120)

Die strukturierte Inhaltsanalyse ist aber noch zu allgemein. Mayring unterscheidet vier weitere Unterformen: die formale, die inhaltliche, die typisierende und die skalierende Strukturierung. Im Rahmen dieser Untersuchung wurde sich für die inhaltlich strukturierende Inhaltsanalyse entschieden. Der Grund ist der bereits von Mayring genannte, dass Material zu bestimmten Themen und Inhaltsbereichen analysiert werden soll.

"Ziel der inhaltlichen Strukturierung ist es, bestimmte Themen, Inhalte, Aspekte aus dem Material herauszufiltern und zusammenzufassen." (Mayring 2003, S. 89)

Wie schon erwähnt, weicht die Bildung des Kategoriensystems von den drei anderen Formen ab. Die Kategorien werden theoriegeleitet gebildet, so dass das entsprechend relevante Datenmaterial herausgefiltert werden kann. Im Anschluss an die Zuordnung des Materials zu den *Kategorien "wird das in Form von Paraphrasen extrahierte Material zunächst pro Unterkategorie, dann pro Hauptkategorie zusammengefasst."* (Mayring 2003, S. 89) Daraus ergibt sich das folgende Ablaufmuster der inhaltlich strukturierenden Inhaltsanalyse:

5.2 Entwicklung des eigenen Auswertungsdesigns

In Anlehnung an den Theorieteil in Kapitel 5.1, wird das eigene Auswertungsdesign entwickelt, überprüft und angewendet. Dabei wird auf das bereits erläuterte Ablaufmuster für die inhaltlich strukturierende Inhaltsanalyse zurückgegriffen.

5.2.1 Bestimmung des Ausgangsmaterials

- Festlegung des Materials

Die Stichprobe wurde nach vorher festgelegten Kriterien gezogen. Alle fünf Interviewpartner spielen „World of Warcraft" regelmäßig seit mindestens schon einem Jahr. Die erhobenen Daten sind aufgrund der kleinen Stichprobengröße keinesfalls repräsentativ.

Alle Interviewpartner sind der Interviewerin persönlich bekannt und wurden persönlich angesprochen (s. Kapitel 4.4.1).

- Analyse der Entstehungssituation

Die Teilnahme an den Interviews war freiwillig. Den Probanden wurde zugesichert, dass sie nach Fertigstellung der Untersuchung unverzüglich über die Ergebnisse informiert würden. Die Daten wurden mittels Konstruktinterviews und einem Leitfaden mit fünf offenen Leitfragen und deren Nachfragekategorien erhoben. Die Interviews wurden von der Autorin dieser Studie persönlich durchgeführt, zwei auf Wunsch der Interviewpartner bei ihr zu Hause, drei bei den Probanden in der Wohnung.

- Formale Charakteristika des Materials

Alle Interviews wurden zunächst mit einem digitalen Aufnahmegerät im MP3-Format aufgenommen. Das so gewonnene Datenmaterial wurde anschließend von der Autorin dieser Studie transkribiert. Die Transkription erfolgte so weit als möglich wortwörtlich, lediglich grammatikalisch notwendige Korrekturen zum Verständnis wurden vorgenommen.

5.2.2 Fragestellung der Analyse

- Richtung der Analyse

Durch das leitfadengestützte Interview sollten die Gesprächspartner dazu angeregt werden, über ihre Subjektiven Theorien über Computerspielsucht zu berichten, im Speziellen

- über ihre eigenen Erfahrungen mit Computerspielsucht zu berichten,
- über ihr Erfahrungen mit Computerspielsucht im Umfeld zu berichten,
- über die subjektiv wahrgenommene Entstehung von Computerspielsucht mit seinen Ursachen zu berichten,
- über Handlungsmöglichkeiten und Bewältigungsstrategien für sich und andere zu berichten.

- Theoriegeleitete Differenzierung der Fragestellung

Das Datenmaterial enthält Aussagen von fünf Spielern von „World of Warcraft". Die Fragestellung, anknüpfend an die Zielstellung der Studie (Kapitel 1) lautet:

Was sind die Subjektiven Theorien von Computerspielern über Computerspiele und Computerspielsucht am Beispiel des MMORPG „World of Warcraft"?

5.2.3 Ablaufmodell der Analyse

- Festlegung der Analysetechnik und des dazugehörigen Ablaufmodells

In Kapitel 5.1.1 wurde sich bereits für die Strukturierung entschieden und auch ausreichend begründet. In Kapitel 5.1.2 wurde die Form der inhaltlich strukturierenden Inhaltsanalyse gewählt und begründet.

- Schritt 1: Bestimmung der Analyseeinheiten

Folgende Einheiten werden für diese Inhaltsanalyse festgelegt:
- Kodiereinheit: ein einzelner Satz
- Kontexteinheit: das komplette Interview
- Auswertungseinheit: alle Aussagen, die der Gesprächspartner zu einer Leitfrage

äußert.

- Schritt 2: Theoriegeleitete Festlegung der inhaltlichen Hauptkategorien

Laut dem Theorieteil in Kapitel 5.1.2, sollen die Hauptkategorien theoriegeleitet festgelegt werden. In dieser Erforschung geht es darum, die Subjektiven Theorien von Computerspielern über Computerspiele und Computerspielsucht zu untersuchen. Aufgrund des Theorieteils über Subjektive Theorien in Kapitel 2.2 und der in Kapitel 2.2.4 festgelegten Arbeitsdefinition, werden die vorläufigen Hauptkategorien wie folgt lauten:

Hauptkategorie 1: Subjektive Konstrukte
Hauptkategorie 2: Subjektive Diagnosehypothesen
Hauptkategorie 3: Subjektive Ziele
Hauptkategorie 4: Subjektive Erklärungshypothesen
Hauptkategorie 5: Subjektive Strategien

- Schritt 3: Bestimmung der Ausprägungen (theoriegeleitet) und Zusammenstellung des Kategoriensystems

Da laut Untersuchungsziel die Subjektiven Theorien über Computerspiele und Computerspielsucht am Beispiel von „World of Warcraft" untersucht werden sollen, erscheint es sinnvoll dahingehend Unterkategorien anzulegen.

- Der **Hauptkategorie 1** „Subjektive Konstrukte" werden aufgrund dessen folgende Unterkategorien zuzuordnen:

Kategorie 1.1: Subjektive Konstrukte „Computerspiele"
Kategorie 1.2: Subjektive Konstrukte „Computerspielsucht"

- Der **Hauptkategorie 2** „Subjektive Diagnosehypothesen" werden folgende Unterkategorien zugeordnet:

Kategorie 2.1 Computerspiele
    Kategorie 2.1.1 Beschreibungen
    Kategorie 2.1.2 Eigenes Erleben
    Kategorie 2.1.3 Erleben bei anderen Spielern
Kategorie 2.2 Computerspielsucht
    Kategorie 2.2.1 Beschreibungen
    Kategorie 2.2.2 Eigene Erfahrungen
    Kategorie 2.2.3 Erfahrungen bei anderen Spielern

Die Unterteilung in Computerspiele und Computerspielsucht leitet sich durch die Zielstellung der Studie her. Die weiteren Unterteilungen leiten sich ab aus dem Interviewleitfaden, wo konkret nach dem eigenen Erleben und dem Erleben bei anderen Personen gefragt wird.

- Der **Hauptkategorie 3** „Subjektive Ziele" werden folgende Unterkategorien zugeordnet:
Kategorie 3.1 Computerspiele
Kategorie 3.2 Computerspielsucht

Weitere Unterkategorien können zu diesem Zeitpunkt zumindest nicht theoriegeleitet formuliert und festgelegt werden.

- **Schritt 4: Formulierung von Definitionen, Ankerbeispielen und Kodierregeln zu den einzelnen Kategorien**
In diesem Schritt wird für jede Haupt- und jede Unterkategorie eine Definition und ein Ankerbeispiel festgelegt. Falls Kodierregeln zum jetzigen Zeitpunkt schon nötig sind, werden auch diese formuliert.

Hauptkategorie 1: Subjektive Konstrukte
Definition: Hier fallen alle Begriffe rein, die der Gesprächspartner als relevant im Zusammenhang mit bestimmten Situationen benutzt, die von ihm zur Diagnose und Erklärung der Situation und für die Diskussion von Strategien herangezogen werden.
Kodierregel: Wenn möglich die jeweilige Aussage einer Unterkategorie zuordnen!

    Kategorie 1.1: Subjektive Konstrukte „Computerspiele"
Definition: In diese Kategorie fallen alle Aussagen, die der Gesprächspartner als relevant im Zusammenhang mit „Computerspielen" benutzt.
Ankerbeispiel: *„Es ist ein Spiel, was sehr viel Spaß macht."*

    Kategorie 1.2: Subjektive Konstrukte „Computerspielsucht"
Definition: In diese Kategorie fallen alle Aussagen, die der Gesprächspartner als relevant im Zusammenhang mit „Computerspielsucht" benutzt.
Ankerbeispiel: *„... ist man quasi gezwungen, mehr oder weniger jeden Tag zu spielen."* (Zwang als Konstrukt)
Kodierregel: Wenn möglich die jeweilige Aussage erst den anderen Hauptkategorien zuordnen!

Hauptkategorie 2: Subjektive Diagnosehypothesen

Definition: Hierein fallen alle Aussagen, die eine Beschreibung, Einschätzung oder Deutung enthalten.

Kodierregel: Wenn möglich die jeweilige Aussage einer Unterkategorie zuordnen!

Kategorie 2.1 Computerspiele

Definition: Hierunter fallen alle Aussagen, welche der Gesprächspartner im Zusammenhang mit der Beschreibung, Einschätzung oder Deutung von gegenwärtigen Situationen mit Computerspielen benutzt.

Ankerbeispiel: *„Aber der Grundgedanke bleibt immer gleich: Gegner töten, Gegenstände sammeln."*

Kategorie 2.1.1 Beschreibungen

Definition: In diese Kategorie fallen alle Aussagen, die Beschreibungen von Computerspielen enthalten.

Ankerbeispiel: *„Es gibt in dem Spiel verschiedene Anreize, Sachen, die man erreichen kann, für die man Belohnungen kriegt."*

Kategorie 2.1.2 Eigenes Erleben

Definition: Hierunter fallen alle Aussagen, die der Gesprächspartner im Zusammenhang mit der Einschätzung oder Deutung seiner eigenen erlebten Situation von Computerspielen benutzt.

Ankerbeispiel: *„Für mich ist das ein guter Ausgleich, wenn ich einen schlimmen Tag hatte (...)"*

Kategorie 2.1.3 Erleben bei anderen Spielern

Definition: Hierunter fallen alle Aussagen, die der Gesprächspartner im Zusammenhang mit der Einschätzung oder Deutung erlebter Situation anderer Personen von Computerspielen benutzt.

Ankerbeispiel: *„Es soll aber Spaß machen, mit mehreren in so einen Raid zu gehen."*

Kategorie 2.2 Computerspielsucht

Definition: Hierunter fallen alle Aussagen, welche der Gesprächspartner im Zusammenhang mit der Beschreibung, Einschätzung oder Deutung der gegenwärtigen Situation von Computerspielsucht benutzt.

Ankerbeispiel: *„Die Gefahr ist auch wirklich groß, dass man die Zeit in dem Spiel vergisst."*

Kategorie 2.2.1 Beschreibungen

Definition: In diese Kategorie fallen alle Aussagen, die Beschreibungen zur Computerspielsucht enthalten.

Ankerbeispiel: *„Die Hauptaktivität von der täglichen Freizeitgestaltung findet nur noch im Spiel statt."*

Kategorie 2.2.2 Eigene Erfahrungen
Definition: Hierunter fallen alle Aussagen, die der Gesprächspartner im Zusammenhang mit der Einschätzung und Deutung seiner eigenen erlebten Situation mit Computerspielsucht benutzt.

Ankerbeispiel: *„(...) also ich bin der Ansicht, dass ich es unter Kontrolle habe, auch wenn mein Freund das zum Teil glaube ich anders sieht."*

Kategorie 2.2.3 Erfahrungen mit anderen Spielern
Definition: Hierunter fallen alle Aussagen, die der Gesprächspartner im Zusammenhang mit der Einschätzung und Deutung erlebter Situation anderer Personen mit Computerspielsucht benutzt.

Ankerbeispiel: *„Er macht überhaupt keine Anreize mehr, einen Job zu finden oder einfach mal aus dem Haus zu kommen."*

Hauptkategorie 3: Subjektive Ziele
Definition: Hierunter fallen alle Aussagen, die der Gesprächspartner für sich persönlich als wichtige Ziele ansetzt.
Kodierregel: Wenn möglich die jeweilige Aussage einer Unterkategorie zuordnen!

Kategorie 3.1 Computerspiele
Definition: Hierunter fallen alle Aussagen, die der Gesprächspartner für sich persönlich als wichtige Ziele in Bezug zu Computerspielen ansetzt.
Ankerbeispiel: *kein Ankerbeispiel gefunden*

Kategorie 3.2 Computerspielsucht
Definition: Hierunter fallen alle Aussagen, die der Gesprächspartner für sich persönlich als wichtige Ziele in Bezug zu Computerspielsucht ansetzt.
Ankerbeispiel: *kein Ankerbeispiel gefunden*

Hauptkategorie 4: Subjektive Erklärungshypothesen
Definition: Hierunter fallen alle Aussagen, die der Gesprächspartner als Ursache für die Computerspielsucht ansieht. Es kann sich dabei auch um (zum Teil umformulierte) Wenn-Dann-Hypothesen handeln.
Ankerbeispiel: *„Und je mehr man da belohnt wird, und im normalen Leben nicht, glaube ich, dass die Tendenz immer größer wird, in das Spiel zu versinken (...)."*

Hauptkategorie 5: Subjektive Strategien

Definition: Hierunter fallen alle Aussagen, die der Gesprächspartner als geeignete Strategien ansieht, um die Kontrolle über das Computerspiel zu behalten.

Ankerbeispiel: *„Man sollte nie seine Freunde, Familie und die Freizeit vergessen!."*

- Schritt 5: Materialdurchlauf: Fundstellenbezeichnung

Der Kodierleitfaden und das gebildete Kategoriensystem werden in diesem Schritt getestet. Dazu werden zwei Interviews benutzt. Die Fundstellen werden farblich markiert und am Rande eine Notiz gemacht, in welche Unterkategorie die Textstelle einzuordnen ist.

- Schritt 6: Materialdurchlauf: Bearbeitung und Extraktion der Fundstellen

Die extrahierten Textstellen werden in eine eigens dafür angelegte Excel-Datei kopiert, die dem Aufbau des Kategoriensystems entspricht. Dabei fällt auf, dass die Hauptkategorie 3 „Subjektive Ziele" unbesetzt bleibt. Zudem sind die Hauptkategorien 4 („Subjektive Erklärungshypothesen") und 5 („Subjektive Strategien") stark belegt.

- Schritt 7: Überarbeitung, ggf. Revision von Kategoriesystem und Kategoriendefinition

Aufgrund der in Schritt 6 festgestellten Mängel, erfolgt eine Überarbeitung des Kategoriensystems.

Die Kategorie 1.2 „Konstrukt Computerspielsucht" wurde entfernt. Der Grund hierfür ist, dass die relevanten Begriffe zur Diagnose, Erklärung und für die Diskussion von Strategien herangezogen werden und aus diesem Grund die meisten Konnotationen in den Kategorien „Subjektive Diagnosehypothesen", „Subjektive Erklärungshypothesen" und „Subjektive Strategien" geäußert werden (vgl.Theoriekapitel 2.2.3). Da eine Doppelzuordnung zu den Kategorien vermieden werden soll, wird die Kategorie 1.2 aufgelöst.

Die Hauptkategorie 3 „Subjektive Ziele" wird mangels gefundener Textstellen aus dem Kategoriensystem gestrichen.

In **Hauptkategorie 4** „Subjektive Erklärungshypothesen" werden folgende Unterkategorien zugefügt:

Kodierregel: Wenn möglich die jeweilige Aussage einer Unterkategorie zuordnen!

Kategorie 4.1 Motivationale Erklärungen

Definition: Hierunter fallen alle Aussagen, die der Gesprächspartner aufgrund von Motivationen als Ursache für Computerspielsucht ansieht.

Ankerbeispiel: *"Also versucht man natürlich irgendwie erfolgreich zu sein, um belohnt zu werden."*

Kategorie 4.2 Spielmechanische Erklärungen
Definition: Hierunter fallen alle Aussagen, die der Gesprächspartner aufgrund der Spielmechanik als Ursache für Computerspielsucht ansieht.
Ankerbeispiel: *"Sie bauen die Sachen ja ein, damit die Leute möglichst viel Spielen."*

Kategorie 4.3 Biologische Erklärungen
Definition: Hierunter fallen alle Aussagen, die der Gesprächspartner aufgrund biologischer Faktoren als Ursache für Computerspielsucht ansieht.
Ankerbeispiel: *"(...) dass durch dieses Erfolgsprinzip, was man im Spiel hat, das man im realen Leben vielleicht nicht hat, vielleicht sogar Hormone ausschüttet, die einem irgendwie so ein gewisses Glücksgefühl geben, das man so im Realen nicht so einfach reproduzieren kann."*

In **Hauptkategorie 5** „Subjektive Strategien" werden folgende Unterkategorien zugefügt:
Kodierregel: Wenn möglich die jeweilige Aussage einer Unterkategorie zuordnen!

Kategorie 5.1 Kontrolle
Definition: Hierunter fallen alle Aussagen, die Kontrolle als geeignete Mittel zur Erreichung enthalten.
Ankerbeispiel: *"Und dann auch einfach mal Zeiten festlegen."*

Kategorie 5.1.1 Zeitliche Beschränkung
Definition: Hierunter fallen alle Aussagen, die Zeitbeschränkungen als geeignete Mittel zur Erreichung enthalten.
Ankerbeispiel: *"Wenn ich um 16 Uhr anfange zu spielen und habe um 18 Uhr einen Termin, und ich gehe mal davon aus, dass ich den einhalte, kann es nicht passieren, dass ich von 16 Uhr bis 22 Uhr spiele, weil der Termin dazwischen liegt."*

Kategorie 5.1.2 Allgemeine Zugangskontrolle
Definition: Hierunter fallen alle Aussagen, die eine allgemeine Zugangskontrolle als geeignetes Mittel zur Erreichung enthalten.
Ankerbeispiel: *"Die Eltern müssen aufpassen und sollen den Jugendlichen gar nicht erst diesen unkontrollierten Zugang gewähren."*

Kategorie 5.2 Aufklärung
Definition: Hierunter fallen alle Aussagen, die Aufklärung als geeignete Mittel zur Erreichung enthalten.

Ankerbeispiel: *„Ich würde viel mehr Werbespots im Abendbereich bringen, die deutlich Szenen zeigen aus den Spielen, die die Kinder spielen."*

Kategorie 5.3 Alternativen
Definition: Hierunter fallen alle Aussagen, die Alternativangebote als geeignete Mittel zur Erreichung enthalten.
Ankerbeispiel: *„Sie sollten sie mehr motivieren, in die Vereine zu gehen."*

Kategorie 5.4 Unterstützung / Hilfestellung
Definition: Hierunter fallen alle Aussagen, die jede Art von Unterstützung und Hilfestellung als geeignetes Mittel zur Erreichung enthalten.
Ankerbeispiel: *„Grundsätzlich bin ich der Ansicht, sollte das nähere Umfeld dies tun."*

Kategorie 5.4.1 Gespräche
Definition: Hierunter fallen alle Aussagen, die Gespräche als geeignete Mittel zur Erreichung enthalten.
Ankerbeispiel: *„Aber wenn Lehrern auffällt, dass irgendwer abdriftet und die kriegen das mit (...), dass dann an die Eltern rangetreten wird und da mal Gespräche geführt werden."*

Kategorie 5.4.2 Verständnis & Interesse
Definition: Hierunter fallen alle Aussagen, die Verständnis und Interesse als geeignete Mittel zur Erreichung enthalten.
Ankerbeispiel: *„Dass die auch ein bisschen Verständnis haben (...)"*

- Schritt 8: Paraphrasierung des extrahierten Materials
In diesem Schritt wurden alle zuvor kategorisierten Textstellen in eine grammatikalische, einheitliche sprachliche Kurzform gebracht.

- Schritt 9: Zusammenfassung pro Kategorie
Hier wurden bedeutungsgleiche Paraphrasen zu einem Bündel zusammengefasst und nicht inhaltstragende Paraphrasen gestrichen. Zunächst wurden die Paraphrasen der untersten Kategorienebene bearbeitet, um dann eine Ebene weiter höher mit demselben Verfahren fortzufahren.

- Schritt 10: Zusammenfassung pro Hauptkategorie
Hier wird wie in Schritt 9 vorgegangen.

5.3 Inhaltliche Auswertung der Ergebnisse

In diesem Kapitel werden die Interviews inhaltlich ausgewertet. Um die Fülle an Informationen sinnvoll darstellen zu können, werden die Ergebnisse jeweils pro Kategorie zusammengestellt. Eine Ausnahme bildet die Kategorie „Subjektive Diagnosehypothesen", da diese getrennt nach den beiden Begriffen „Computerspiele" und „Computerspielsucht" dargestellt wird.

5.3.1 Subjektives Konstrukt „World of Warcraft"

Da schon in der Fragestellung dieser Studie direkt Bezug genommen wird auf das Computerspiel „World of Warcraft", wurde dies auch im Interviewleitfaden konsequent umgesetzt. Dementsprechend antworteten die Interviewpartner nur im Bezug auf dieses eine Computerspiel, so dass im Weiteren das Konstrukt „World of Warcraft" vorgestellt wird. Die Anzahl der subjektiven Konstrukte ist vielfältig. Auffällig ist dabei, dass viele der genannten Begriffe von mehreren Interviewpartnern genannt werden. Es folgen nun die zentralen Konstrukte in absteigender Reihenfolge ihrer Benennungsanzahl:

„lang anhaltender (Spiel-) Spaß" - „abwechselungsreich" - „etwas erleben" - „Gruppenspiel" - „endloses Spiel" - „fesselnd"

Beispielaussagen für diese Konstrukte:
„Es ist ein Spiel, was sehr viel Spaß macht." (Wuzzi, Z. 16/17)
„(...) abwechselungsreiches Spiel mit immer neuen Facetten." (Nirca, Z. 5)
„Einfach mal etwas erleben." (Trinje, Z. 370)
„Dann spielt man mit anderen Leuten zusammen." (Wuzzi, Z. 170/171)
„(...) bei World of Warcraft kann man wirklich spielen ohne Ende." (Wuzzi, Z. 41/42)

Die Konstrukte „lang anhaltender (Spiel-) Spaß" und „abwechselungsreich" werden von ausnahmslos allen Interviewpartnern genannt. Die Konstrukte „etwas erleben" und „Gruppenspiel" von immerhin drei der Gesprächspartner, gefolgt von „endloses Spiel" mit zwei Benennungen.

5.3.2 Subjektive Diagnosehypothesen

Die Subjektiven Diagnosehypothesen werden in zwei Kategorien aufgeteilt, um die Begriffe „Computerspiel" und „Computerspielsucht" besser voneinander trennen zu können.

5.3.2.1 Computerspiel: „World of Warcraft"

Zur Beschreibung des Spiels wird von den Interviewpartnern hauptsächlich die Spielmechanik des Belohnungssystems herangezogen. Jeder Interviewpartner hat darauf ausführlich Bezug genommen. Das Grundprinzip des Spiels ist es einen Charakter (Avatar) weiterzuentwickeln und auf den maximal möglichen Spiellevel zu steigern. Dies schafft man nur durch das Belohnungssystem in Form von Quests.

> *„Ab der ersten Sekunde, wenn du in dem Spiel bist, wirst du halt belohnt mit irgendwelchen Dingen, die du bekommst, wenn du etwas erfolgreich gemacht hast."* (Bogomil, Z. 23-25)

Durch das Töten von Gegnern und Sammeln von Questgegenständen gewähren einem die Auftraggeber Belohnungen in Form von Erfahrungspunkten und interessanten Gegenständen, die der Avatar gebrauchen oder anziehen kann. Diese Belohnungen erhält man nur bei erfolgreich abgeschlossenen Quests, dass heißt bei Misserfolg stagniert der Charakter in seiner Entwicklung.

> *„Das Spiel ist ja so aufgebaut, dass wenn ich keine Erfolge in den Aufgaben erzeuge, die mir gestellt werden, komme ich in dem Spiel nicht weiter, also ich werde nicht belohnt, kriege keine Boni."* (Bogomil, Z. 137-140)

Es gibt unterschiedliche Belohnungen in „World of Warcraft": Erfahrungspunkte für den Stufenaufstieg, interessante Gegenstände, und man kann bei Spielfraktionen Rufpunkte sammeln, um dann bei der Fraktion hochwertigere Belohnungen zu erlangen.

> *„Da kann man in Dalaran, der Hauptstadt, jeden Tag Kochpreise bekommen und damit besondere Gegenstände oder besonderes Fleisch oder besondere Gewürze oder neue Rezepte, die du so nicht bekommst, dafür kaufen."* (Nirca, Z. 83-85)

Die interessantesten und hochwertigsten Belohnungen erlangt man nur im Gruppenspiel.

> *„Die ‚Hohe Liga' sind die Level, dass man sich in Raids zusammenfinden kann mit bis zu 50 Spielern, um irgendein großes Monster zu erledigen, wofür es natürlich auch wieder Sonderbelohnungen und Sondersachen gibt."* (Trinje, Z. 208-210)

Zentrale Beschreibungen:
- Das Grundprinzip des Spiels ist es, seinen Charakter (Avatar) immer weiterzuentwickeln.
- Belohnungen gibt es nur bei Erfolg, Versagen bedeutet Stagnation in der Charakterentwicklung.

- Je anspruchsvoller oder zeitintensiver die Quest oder das Gruppenspiel, desto höherwertiger sind die Belohnungen.

In Bezug auf das eigene Erleben von „World of Warcraft" wird hauptsächlich auf das Sozialgefüge, die Communities, eingegangen. Kommuniziert wird dabei entweder über Echtzeit-Chat oder eine Echtzeit-Kommunikation über Stimme, z.B. mit der Software „TeamSpeak".

> *„Es gibt halt in dem Spiel auch die Möglichkeit über einen Echtzeit-Chat oder eine Echtzeit-Kommunikation über Stimme Kontakt mit anderen Spielern aufzunehmen."* (Bogomil, Z. 121-123)

Zu unterscheiden sind dabei zwei Arten von Sozialkontakten: zum einen Freundschaften, die nur im Spiel bestehen und zweitens Freundschaften, wo sich die Spieler auch persönlich kennen.

> *„Über das Spiel habe ich sehr viele neue Leute kennen gelernt."* (Wuzzi, Z. 6/7)
> *„Und selbst wenn ich mich dann ingame befinde, unterhalte ich mich mit Personen, die ich persönlich kenne."* (Nayuki, Z. 19/20)

Zentrale Diagnosehypothesen:
- Sozialkontakte sind mir wichtig im Spiel.
- Ich habe in dem Spiel viele nette Leute kennen gelernt.
- Ich habe im Spiel Kontakt zu meinen persönlichen Freunden.

Über das Erleben von anderen Spielern haben sich die Interviewpartner nicht konkret geäußert, vielmehr ging es darum, wie viel andere Spieler im Gegensatz zu ihnen selber spielen.

> *„Ich bin auf jeden Fall im oberen Mittelfeld."* (Wuzzi, Z. 93)

5.3.2.2 Computerspielsucht

Computerspielsucht wird von den Interviewpartnern mit einem breiten Spektrum von Merkmalen beschrieben. Bei vier von fünf Interviewpartnern tauchen als zentrale Beschreibungen der Computerspielsucht die Vernachlässigung des sozialen Umfeldes und des normalen Alltagslebens auf. Beschrieben wird die Abkapselung des Computerspielsüchtigen, welcher seine Freunde und Familie vernachlässigt, Verabredungen absagt für das Spiel, den Haushalt vernachlässigt und sonst keine Lust auf andere Dinge außer dem Spiel mehr hat.

"Wenn ich ständig Verabredungen absagen würde und wenn ich für das Spiel auch andere Privatsachen vernachlässigen würde." (Wuzzi, Z. 105-107)

"Ich finde, sobald man alles andere sein lässt, fängt es dann an, das soziale Leben nach außen hin, sich komplett abkapselt, Verabredungen absagt, Freunde und Familie vernachlässigt, dann hat es für mich schon Suchtcharakter." (Nirca, Z. 109-112)

Beschrieben wird von zwei Interviewpartnern die fortwährende gedankliche Beschäftigung mit dem Spiel, z.B. in Gesprächen auf der Arbeit oder in der Schule, aber auch in Gedanken für sich allein.

"Ich finde, das hat dann schon Ausmaße angenommen, wenn man sich gerade nicht im Spiel befindet, sich trotzdem geistig mit dem Spiel befasst." (Nayuki, Z. 42-44)

Zwei Interviewpartner messen Computerspielsucht nicht an der Zeitmenge, sondern an der Ernsthaftigkeit mit der Spieler das Spiel betreibt.

"Ich würde es gar nicht über die Menge machen, sondern einfach über die Ernsthaftigkeit wie sie das betreiben, wie locker sie dabei noch sein können." (Nayuki, Z. 53/54)

"Wenn du dir die ganzen Zeitschriften kaufst, da gibt es ja auch jede Menge und dass du dann im Prinzip alles studierst." (Nirca, Z. 184-185)

Kontrollverlust über das Spiel wird von drei der Interviewpartner beschrieben. Die Hauptaktivität der Freizeit findet nur noch im Spiel statt. Oft wird die Zeit beim Spiel vergessen oder es wird sich Zeit für das Spiel genommen, obwohl andere Verpflichtungen erledigt werden müssen.

"Die Hauptaktivität von der täglichen Freizeitgestaltung findet nur noch in dem Spiel statt." (Bogomil, Z. 103/104)

"Wenn du viel Zeit investierst, trotz alledem du sie eigentlich gar nicht haben könntest, weil du andere Sachen machen müsstest, dann wäre es suchtgefährdend." (Nirca, Z. 160-162)

Eine weitere Beschreibung ist der unstillbare Drang „World of Warcraft" zu spielen, der ebenfalls von zwei der Gesprächspartner genannt wird.

"Wenn dein erster Gedanke morgens ist ‚Ich muss an den Rechner, egal was da kommt! Ich muss da unbedingt jetzt weiterspielen!', dann ist das für mich Sucht." (Nirca, Z. 163-165)

"Süchtig finde ich es dann, wenn z.B. dein Computer kaputt ist und du kannst nicht spielen und du kriegst da so einen Drang nach, das Spiel zu spielen, dass du dir z.B. gleich einen neuen Computer kaufst." (Trinje, Z. 96-98)

Ein einziger Interviewpartner beschreibt, dass Computerspielsucht schädliche Konsequenzen nach sich zieht in Beruf, Gesundheit und im sozialen Umfeld.

"Vernarrt sind Leute, die ihre Arbeit, Gesundheit oder Familie sausen lassen." (Trinje, Z. 55/56)

Zentrale Beschreibungen: Ein Computerspielsüchtiger...
- ... vernachlässigt sein soziales Umfeld.
- ... beschäftigt sich auch außerhalb des Spiels mit dem Spiel.
- ... nimmt das Spiel ernster, hat eine veränderte Spielmotivation.
- ... hat keine zeitliche Kontrolle mehr über das Spiel.
- ... hat einen unstillbaren Drang, das Spiel zu spielen.
- ... erfährt negative Konsequenzen in Beruf, Gesundheit und im sozialen Umfeld aufgrund seines Spielverhaltens.

Jeder der fünf Interviewpartner sagt über sich, dass er sich nicht für süchtig hält, und dass sie mit dem Spiel aufhören können und manchmal tagelang nicht mehr einloggen, wenn sie keine Lust dazu haben und es ihnen nicht schwer fällt.

> *„Ich kann für mich nicht sagen, dass ich in irgendeiner Form süchtig wäre, dieses Spiel zu spielen."* (Nayuki, Z. 54/55)
>
> *„Für mich persönlich ist es so, wenn ich mal einen Tag nicht spiele oder zwei oder mal eine Woche, geht die Welt nicht unter."* (Nirca, Z. 71/72)

Lediglich einer der Probanden äußert, dass jemand anderes dies über ihn denke:

> *„(...), also ich bin der Ansicht, dass ich es unter Kontrolle habe, auch wenn mein Freund das zum Teil glaube ich anders sieht."* (Wuzzi, Z. 24/25)

Wuzzi beschreibt das eigene Erleben dahingehend, dass sie merkt, dass das Spiel süchtig macht, sie es aber unter Kontrolle hat, weil sie eine Grenze zieht und dann aufhört. Sie sagt aber auch, dass wenn man keine klare Grenze zieht, dass es dann schwer wird aufzuhören und man immer länger spielt.

> *„Ich merke, dass das Spiel wirklich süchtig macht. „Die eine Instanz kannst du jetzt noch schnell machen!"* (Wuzzi, Z. 27-29)

Andererseits äußert sie, dass sie meist selber erst merkt, dass sie zu viel spielt, wenn sie darauf angesprochen wird.

> *„Meistens merkt man es erst, wenn man darauf angesprochen wird."* (Wuzzi, Z. 268)

Sie beschreibt, dass sich die Sichtweise, was noch im normalen Rahmen Spielzeit ist, verändert, wenn man „World of Warcraft" selber spielt.

> *„Als ich noch nicht gespielt habe, habe ich auch gedacht ‚Jeden Tag zwei Stunden spielen, du bist ganz schön krank!"* (Wuzzi, Z. 71/72)

Wuzzi merkt kritisch an, dass es nach spielintensiven Phasen schwer ist, den Spielkonsum auf ein normales Maß zurückzuschrauben.

> *„Und dann merke ich schon, wenn ich dann wieder arbeiten gehe, und weniger spielen kann, dass ich dann schon merke „Du könntest jetzt noch mehr spielen!""* (Wuzzi, Z. 25-27)

Drei Interviewpartner sagen, dass wenn sie krank sind oder Wochenende/ Urlaub haben, dass sie dann mehr Zeit zum Spielen aufwenden als sonst.

> *"Aber wenn ich so Phasen habe z.B. wenn ich Urlaub habe und habe nichts geplant und allein zu Hause bin, dann spiele ich mehr."* (Wuzzi, Z. 24/25)
>
> *Als ich zu Hause und krank war, (...)da habe ich natürlich viel gespielt.* (Nirca, Z. 156/157)

Wer viel bzw. regelmäßig spielt, ist nach der Ansicht von drei der Interviewpartner nicht zwangsläufig computerspielsüchtig.

> *"Denn es gibt welche, die können mal einen ganzen Tag spielen und spielen die restliche Woche nicht, weil die nur mal einen Tag Zeit haben, und es gibt welche, die spielen jeden Tag nur zwei Stunden und sind dann vielleicht trotzdem süchtiger als welche, die nur einmal in der Woche acht Stunden spielen."* (Nirca, Z. 235-239)

Zentrale Diagnosehypothesen:
- Ich halte mich nicht für computerspielsüchtig.
- Ich kann jederzeit aufhören zu spielen.
- Bei Krankheit oder Urlaub spiele ich mehr als sonst.
- Wer viel bzw. regelmäßig spielt, ist nicht zwangsläufig computerspielsüchtig.

Das Spektrum an Aussagen über das Erleben von Computerspielsucht bei anderen ist sehr breit gefächert. Nur wenige Aussagen sind mehrfach vertreten. Trotzdem ist die Kategorie reichhaltig und vielfältig besetzt.

Mehrfach genannt wird, dass die computerspielsüchtigen Spieler ihr Leben und ihren Tagesablauf um „World of Warcraft" herum aufbauen.

> *"Und da hat er den Computer nachts laufen lassen, damit er es auch ja noch an dem Tag runtergeladen kriegt und hat dann dafür extra in einem anderen Zimmer geschlafen."* (Wuzzi, Z. 345-348)
>
> *"Ich finde es schade, dass wirklich viele Leute ihren Tagesablauf nach dem Spiel richten, und dass sie sagen ‚Oh, ich möchte heut nicht ins Kino gehen, ich möchte lieber spielen.'"* (Wuzzi, Z. 120-122)

In zwei Fällen wird davon berichtet, dass dies gravierende Konsequenzen für die berufliche Karriere hatte.

> *"Der hat sein Studium abgebrochen, einfach um zu spielen."* (Wuzzi, Z. 124/125)
>
> *„(...),der hat das dann so weit getrieben, dass er auf der Arbeit gespielt hat, daraufhin hat er auch seinen Job verloren,(...)."* (Nirca, Z. 119-121)

Auch die Spieldauer bzw. die Spielzeiten werden thematisiert. Es wird von langen

Spielzeiten oder Spielzeiten bis in die Nacht hinein gesprochen.

> „(...) und genau diese Person spielt mittlerweile so ausführlich, dass sie nur noch in dem Spiel anzutreffen ist." (Bogomil, Z. 94/95)

> „Ich will jetzt nicht über die Dauer reden, aber die dann übertrieben lange bis in die Nacht gespielt haben, obwohl am nächsten Tag um halb acht Schule beginnt (...)" (Nayuki, Z. 37/38)

Wuzzi sagt in diesem Zusammenhang, dass sie der Meinung ist, dass Computerspielsüchtigen nicht merken, dass sie zu viel spielen.

> „Weil meistens ist es ja so, dass es Spielsüchtige als letztes klar wird, dass sie zu viel spielen." (Wuzzi, Z. 266/267)

Von zwei Interviewpartnern wird die gedankliche Beschäftigung mit dem Spiel angesprochen.

> „(...), die dann in der Schule auch nur davon geredet haben und in Gedanken schon wieder dabei waren, was später noch anstehen könnte, wie sie das alles machen und so." (Nayuki, Z. 39-42)

Eltern wurden als einzige Nicht-Spieler-Gruppe im Zusammenhang mit dem Erleben von Computerspielsucht genannt. Ein Interviewpartner sagt, dass Eltern keine Ahnung haben, was Computerspielsucht ist und sie es nur an der Spielzeit festmachen. Er begründet diese Aussage damit, dass die Eltern in ihrer Kindheit keinen Computer hatten und ihnen somit die Erfahrung fehle.

> „Eltern haben ja überhaupt keine Ahnung, was Computerspielsucht ist, man spielt vielleicht zwei, drei Stunden am Stück pro Tag oder jeden zweiten Tag und dann ist das gleich Computerspielsucht für die." (Nayuki, Z. 149-151)

Zentrale Diagnosehypothesen: Computerspielsüchtige ...
- ... bauen ihr Leben/ ihren Tagesablauf um das Spiel herum auf.
- ... sind gefährdet, ihre Arbeit/ ihren Ausbildungsplatz zu verlieren, entweder von sich aus oder durch den Arbeitgeber.
- ... spielen viele Stunden am Tag, z.T. bis in die Nacht.
- ... beschäftigen sich auch außerhalb des Spiels gedanklich damit.

5.3.3 Subjektive Erklärungshypothesen

Die Interviewpartner führen ein breites Spektrum an Erklärungen an, warum man computerspielsüchtig werden kann. Die mit Abstand am häufigsten genannten Erklärungen sind die Motivationen des Spielers selber, gefolgt von der Spielmechanik als Entstehungsursache.

Die am häufigsten genannte motivationale Erklärung kann mit dem Schlagwort „Kompensation realweltlicher Defizite" zusammengefasst werden. Jeder Interviewpartner hat darauf Bezug genommen. Spieler mit realweltlichen Problemen (z.B. berufliche Perspektivlosigkeit, zerrüttetes Sozialgefüge, Minderwertigkeitskomplexe) flüchten sich in das Spiel, um sich nicht mit der realen Welt konfrontieren zu müssen und eine gewisse Zeit alle Probleme vergessen und abschalten zu können.

„Es ist sehr oft, dass es Leute sind, die wirklich keinen Job haben und sich dann in irgendwelche Onlinewelten reinflüchten oder Leute, die einfach soziale Probleme haben, dass die halt schwierig Leute kennen lernen bzw. sich nicht trauen, andere Leute kennen zu lernen, die auf diesem Weg Beziehungen knüpfen." (Wuzzi, Z. 160-163)

„Man hat wenige Freunde oder beruflich oder schulisch läuft es nicht, man hat Stress mit den Eltern." (Nayuki, Z. 89/90)

Zudem können sie im Spiel über ihr eigenes „Leben" bestimmten, sich im Spiel selber verwirklichen und sich darstellen, wie sie sich selber gerne sähen, was sie im realen Leben nicht unbedingt selbst bestimmt können.

„Ich kann mir vorstellen, dass jemand, der sich alleine fühlt, schon gerne in diese Welt einsteigt, weil letztendlich er sich da so gestalten kann, wie er gerne möchte." (Bogomil, Z. 196-198)

„Du ziehst dich in eine Welt zurück, wo du mal die Sau rauslassen kannst und einfach mal das machen kannst, was du in Wirklichkeit nicht machen kannst." (Trinje, Z. 364-366)

Als weiteres motivationales Erklärungskonglomerat wird die Wertschätzung und Bewunderung durch andere Mitspieler genannt. Durch Ehrgeiz gelangen sie zu Erfolgen, für die andere sie wiederum beneiden oder bewundern. Wertschätzung, Anerkennung, Bestätigung und Bewunderung durch andere ist für alle Interviewpartner eine weitere nachvollziehbare Erklärung für die Entstehung von Computerspielsucht.

„(...), wo man jemand sein kann, der virtuelle Freunde hat oder geschätzt wird durch das, was er da leistet – dass man sich da besser fühlt." (Nayuki, Z. 75-77)

„Entweder kriegt man tolle Titel, die man dann über seinem Charakter einblenden kann und sagen kann ‚Hier, ich bin was Tolles!' oder man kriegt virtuelle Reittiere geschenkt und man sagt ‚Hier, ich bin der tollste Hengst auf dem Server, weil ich dieses Reittier habe!' und dadurch sollen Leute, die Wert auf so was legen, solche Statussymbole, die werden dadurch stärker an das Spiel gebunden." (Wuzzi, Z. 185-190)

Der Ehrgeiz an sich wird aber auch als Erklärung genannt. Die Interviewpartner begründen es damit, dass die Spieler mit übertriebenem Ehrgeiz sich unerreichbare

Ziele stecken, die sie beharrlich verfolgen, aber nie erreichen können und dabei alles um sich herum vergessen.

> „Und wenn man da übertrieben ehrgeizig ist, dann setzt man sich ein Ziel, was man erreichen möchte und steckt dann darin viel zu viel Zeit, und dann könnte es sein, dass da eine Sucht entsteht." (Nayuki, Z. 97-100)

Eine weitere Erklärung, die von allen Interviewpartnern angeführt wird, kann mit dem Begriff „Beziehungspflege" zusammengefasst werden. Das Spiel wird dazu genutzt, um soziale Kontakte herzustellen und zu pflegen. Die Gesprächspartner begründen dies mit der Schwierigkeit der Spieler, soziale Kontakte im realen Leben aufbauen und aufrechterhalten zu können (z.B. aufgrund von Schüchternheit) und bauen sich in der virtuellen Spielwelt ihr alltägliches Sozialgefüge auf.

> „(...), dass die halt schwierig Leute kennen lernen bzw. sich nicht trauen, andere Leute kennen zu lernen, die auf diesem Weg Beziehungen knüpfen." (Wuzzi, Z. 162/163)

Als weiteres Argument wird angeführt, dass dieses intensive Sozialgefüge von Spielern als Verpflichtung wahrgenommen wird, und diese eine höhere Priorität genießt als andere real-weltliche Verpflichtungen.

> „Die haben dann ein schlechtes Gewissen, wenn sie mal nicht online kommen können oder lassen andere Dinge fallen, weil sie sich verpflichtet fühlen, in der Gilde anwesend zu sein." (Nayuki, Z. 69/70)

Aus Sicht aller fünf Interviewpartner tragen das Spiel selber und der Spielhersteller auch zur Entstehung von Computerspielsucht bei, weil „World of Warcraft" kein Ende hat.

> „Und da es da kein Ende gibt, bleibt das Spiel interessant und du bleibst einfach am Spielen." (Bogomil, Z. 26/27)

Die Spielmechanik ist so aufgebaut, dass es keinen absoluten Endgegner gibt, den man besiegen muss. Stattdessen kann jeder Gegner immer wieder besiegt werden.

> „Bei Nicht-Online-Rollenspielen, da ist irgendwann ein Ende, da ist zum Schluss ein Boss, den haut man um, und dann ist das Spiel zu Ende – fertig, bei WoW ist das nicht der Fall, man kann jeden Boss tausend Male legen." (Nayuki, Z. 120-123)

Das Spiel bleibt dadurch interessant, dass der Spielhersteller Blizzard in regelmäßigen Abständen Inhaltsupdates einpflegt. Durch diese gibt es immer wieder etwas Neues zu erleben und zu erarbeiten, so dass das Spiel sehr zeitintensiv sein kann.

> „WoW trägt in sofern zur Spielsucht bei, dass sie immer wieder neue Sachen raus bringen, neue Patches, neue Instanzen, neue Erfolge, es wird für die Spieler nie langweilig und es trägt bei denen, die Computerspielsucht gefährdet sind, zur Suchtentstehung bei." (Nirca, Z. 187-

190)

Ein Interviewpartner äußert die Vermutung, dass die Entstehung von Computerspielsucht auch biologische Ursachen haben kann. Er macht ausgeschüttete Hormone beim Erhalt von spielinternen Belohnungen als mögliche Entstehungsursache verantwortlich.

> „(...) dass durch dieses Erfolgsprinzip, was man im Spiel hat, das man im realen Leben vielleicht nicht hat, vielleicht sogar Hormone ausschüttet, die einem irgendwie so ein gewisses Glücksgefühl geben, das man so im Realen nicht so einfach reproduzieren kann." (Bogomil, Z. 140-143)

Zentrale Erklärungshypothesen: Computerspielsucht entsteht ...

- ... durch Kompensation realweltlicher Defizite.
- ... durch übertriebenen Ehrgeiz.
- ... durch virtuelle Beziehungspflege.
- ... dadurch, dass „World of Warcraft" unendlich ist.
- ... durch Hormonausschüttung bei spielinternen Belohnungen.

5.3.4 Subjektive Strategien

Diese Hauptkategorie ist nach den „Subjektiven Diagnosehypothesen" die zweit meist besetzte. Die Bandbreite an Strategien ist weit gefächert. Grundsätzlich fiel es allen Interviewpartnern schwer, Tipps für Spieler zu formulieren, damit sie die Kontrolle über das Spiel behalten.

> „Ist halt schwierig, da gibt es keine Pauschallösung für." (Nayuki, Z. 144)
> „Bei WoW ist das halt sehr schwierig, weil es sehr süchtig macht." (Wuzzi, Z. 235)

Zwei der Interviewpartner vertreten die Meinung, dass zumindest die erwachsenen Spieler nur selber etwas dafür tun können, die Kontrolle über das Spiel zu behalten. Die drei anderen Gesprächspartner sehen die Verantwortung beim nahen Umfeld des Spielers. Bei Kindern und Jugendlichen sind sich alle einig, dass die Eltern in der Verantwortung stehen.

> „Als erwachsener Mensch, wo man ja zumindest einigermaßen gefestigt und gestanden ist, sollte man alleine in der Lage sein, diese Tipps zu beherzigen." (Nirca, Z. 240-242)
> „Ich würde es auf Eltern und Freunde, das soziale Umfeld beschränken." (Nayuki, Z. 163/164)

Die formulierten Tipps an die Spieler lassen sich in Kurzform so formulieren:
Zentrale Strategien für die Spieler:
- Unternimm etwas mit deinen Freunden und deiner Familie!
- Nimm das Spiel nicht so ernst, es ist nur ein Spiel!
- Spiel nur so lange, wie du selber Lust an dem Spiel hast!
- Nimm deine Freunde/Familie ernst, wenn sie dir sagen, dass du zu viel spielst!
- Achte darauf, dass dein Spielkonsum nicht überhand nimmt!
- Leg dir ein Hobby außerhalb des Computers zu, was du betreibst! (z.B. Verein)
- Probier auch andere, kostenlose Spiele aus!

Ausgewählte Zitate zu den Tipps an die Spieler:
> „Wenn du das alles beherzigst, dass du halt dein ganz normales Leben lebst, und WoW als Spiel siehst, als Freizeitbeschäftigung hin und wieder machst, aber alles andere nicht vernachlässigst, dann behält man die Kontrolle." (Nirca, Z. 207-209)
> „Man sollte einen gepflegten Freundeskreis haben, der muss ja nicht groß sein, aber intensiv, damit es im realen Leben immer auch Leute gibt, die einen auch benötigen, die auch Zeit mit einem verbringen möchten." (Nayuki, Z. 134-136)
> „Man soll so spielen, dass man die Lust an dem Spiel nicht verliert, und das nicht als Zwang sehen." (Trinje, Z. 239-241)
> Der einzige Tipp ist, man sollte einfach mal auf die Freunde und Bekannten hören und drauf achten, wie die reagieren (...) (Trinje, Z. 263/264)
> „Aber grundsätzlich sollte man sich bewusst machen, dass man darauf achtet, dass man sich an seine Grenzen hält und sich sagt ‚Ok, ich spiele heute nur zwei Stunden, und dann mache ich aus.', und dass man das dann auch wirklich durchzieht." (Wuzzi, Z. 224-227)
> „Leg dir ein anderes Hobby zu, was du ernsthaft betreibst." (Nayuki, Z. 195)
> „Also sich nicht auf ein Spiel versteifen, sondern dass du auch mal Abwechslung hast." (Trinje, Z. 379)

Lehrer, Politik und Spielehersteller werden von keinem der Interviewpartner als geeignete Personen oder Institutionen angesehen, um gegen Computerspielsucht zu intervenieren.

> „Lehrer werden nicht mehr als Respekts- oder Vorbildfunktion angesehen und kommen, glaube ich, immer schwieriger an die Schüler ran, von daher würde ich erstmal sagen, sie haben überhaupt keine Chance." (Bogomil, Z. 383-385)
> „Dreizehn Euro monatlich mal zwei Millionen Spieler in Deutschland bei WoW, elf Millionen weltweit...da werden die sich bei solchen Gewinnen wohl nicht überzeugen lassen, einfach mal etwas zu programmieren, was ein Ende hat." (Bogomil, Z. 454-456)

Die am häufigsten genannten Strategien sind mit dem Begriff „Kontrolle" zusammenzufassen. Dabei unterscheiden die Interviewpartner zwei Arten von Kontrolle: zeitliche Kontrolle des Spiels und eine grundsätzliche Zugangskontrolle. Vorschläge an die Spielehersteller sind, dass sie von sich aus Kontrollen einführen könnten, z.b. durch eine generelle maximale Tagesspielzeit oder eine höher gesetzte Altersfreigabe.

> *„Es gibt ja auch Diskussionen, dass die Spielehersteller auch von vorne herein solche Begrenzungen einstellen, so dass man pro Tag z.B. nur vier Stunden spielen kann."* (Wuzzi, Z. 308-311)

Eine Zeitkontrolle ist in der Software bereits integriert, so dass z.B. Eltern die maximale tägliche Spieldauer genauso festlegen können wie spezielle Uhrzeiten, an denen das Kind spielen kann.

Ein weiterer Vorschlag ist, dass bei „World of Warcraft" – ähnlich wie bei der Spielekonsole „Wii" – alle halbe Stunde ein Fenster aufgeht, wo dem Spieler angeboten wird eine Pause zu machen oder etwas anderes zu tun.

Eine Altersbeschränkung durch den Staat wird von allen Interviewpartner zwar als Möglichkeit genannt, aber als Strategie zurückgewiesen, weil diese auf den unterschiedlichen Wegen umgangen wird.

> *„Selbst wenn ein Spiel ab 16 ist, kann man das Spiel einem Kind besorgen, von einem älteren Mitspieler oder Freund, der spielt das dann trotzdem."* (Wuzzi, Z. 362-364)

Grundsätzlich sehen die Interviewpartner die Verantwortung, dass die Kinder und Jugendlichen verantwortungsvoll spielen, bei den Eltern. Dazu gehört, dass sie den Kindern keinen unkontrollierten Spielezugang gewähren. Dies ist z.B. darüber zu gewährleisten, dass der Computer nicht im Kinderzimmer steht, aber auch durch festgelegte Spielzeiten, die konsequent eingehalten werden.

> *„Die Eltern müssen aufpassen und sollen den Jugendlichen gar nicht erst diesen unkontrollierten Zugang gewähren."* (Bogomil, Z. 269/270)

> *„Aber wirklich erst die Bedingung: Erst Hausaufgaben machen, dann darf er spielen, und sobald er sich an die festen Grenzen nicht hält, wird das Spiel ausgemacht und gut ist."* (Wuzzi, Z. 260-262)

Von drei Interviewpartnern wird betont, dass es wichtig sei, dass die Eltern sich mit ihrem Kind beschäftigen, versuchen es zu verstehen und es ernst zunehmen.

> *„Die Eltern müssen gut mit ihren Kindern klar kommen, d.h. sie müssen nicht streng sein, sondern einen guten Draht zueinander haben, damit man gar nicht den Bedarf verspürt ins Spiel zu flüchten, sondern dass man Familie hat, wo man sich wohl fühlt."* (Nayuki, Z. 140-143)

> *„Dass sie versuchen mehr an dem Leben des Kindes teilzuhaben, nicht auf eine penetrante Art und Weise, aber fürsorglich, auch nicht gezwungen."* (Nayuki, Z. 187/188)
>
> *„Mit ‚beschäftigen' meine ich insofern (...), dass sie mit den Kindern sprechen und ihnen zuhören."* (Nirca, Z. 263-266)

Zwei Interviewpartner halten es für wichtig, aufmerksam zu sein für mögliche frühzeitige Signale, dass der Spieler droht süchtig zu werden und ihn frühzeitig selber oder die Eltern darauf aufmerksam machen.

> *„Man muss die Leute auf so ein komisches Verhalten aufmerksam machen, wenn man das merkt."* (Wuzzi, Z. 350/351)
>
> *„Und da vielleicht auch schon frühzeitige Anzeichen erkennen."* (Nirca, Z. 266267)

Zudem sollen sich die Eltern besser über das Spiel informieren, um selber besser bescheid zu wissen. Gefordert werden z.B. Aufklärungskampagnen in Form von Plakaten und abendlichen Werbespots, um die breite Öffentlichkeit besser zu informieren.

> *„Wenn ich als Erwachsener an einer Plakatwand vorbeifahre, wo eine ekelhafte Szene von Mord und Totschlag abgebildet ist und darunter steht „Wissen Sie mit wem ihre Kinder spielen?", dann ist das glaube ich die Aufklärung, die ich meine."* (Bogomil, Z. 437-440)
>
> *„Dass die Eltern auch wissen, was das Kind da spielt, worum es geht vielleicht."* (Nayuki, Z. 174/175)

Zudem sollen Familie und Freunde dem Spieler Alternativen zu dem Spiel anbieten, z.B. regelmäßig zusammen etwas unternehmen, Hobbys außerhalb des Computers haben oder neue Interessen wecken.

> *„Die Kinder vielleicht auch schon von früh an anderen Hobbys zuführen."* (Nirca, Z. 149/150)
>
> *„Die Freunde müssen die immer wieder rausholen, sprich, etwas mit denen unternehmen, gemeinsame Sachen machen."* (Nirca, Z. 276/277)
>
> *„Alternativen aufzeigen, außerhalb des Computers, z.B. für jede Stunde, die du spielst, gehst du eine Stunde in den Sportverein."* (Wuzzi, Z. 296/297)
>
> *„Einfach mal wieder versuchen, die Interessen der Kinder und Jugendlichen zu wecken."* (Trinje, Z. 346)

Ein Interviewpartner sprach in diesem Zusammenhang die Sportvereine als Adressaten an, die von sich aus versuchen, die Kinder und Jugendlichen mit Werbung wieder in das Vereinsleben zu bekommen. Ein weiterer Vorschlag ist an die Gemeinden gerichtet, die mehr Spielflächen für Kinder und Jugendliche bereitstellen sollen, so dass Kinder nicht gezwungen sind, im Haus zu bleiben.

> *„Ich denke, die Vereine sollten mehr Werbung für sich machen."* (Trine, Z. 343)

„Um die Gemeinden mal anzusprechen: Wo hat man heutzutage noch Bolzplätze?" (Trinje, Z. 348)

Zentrale Strategien für Eltern:
- Seid aufmerksam, was und wie lange euer Kind spielt!
- Schränkt den Spielezugang ein, wenn es Übermaß nimmt. (z.B. durch mündliche Absprachen oder durch Softwarekontrolle).
- Seid konsequent im Umgang mit eurem Kind!
- Stellt den PC eures Kindes an einem öffentlichen Ort, nicht in das Kinderzimmer!
- Weckt die Interessen eurer Kinder!
- Bietet ihnen Alternativen zum Computerspiel!
- Beschäftigt euch mit eurem Kind!
- Hört eurem Kind aufmerksam zu!
- Nehmt euer Kind ernst in seinen Bedürfnissen!
- Sprecht mit eurem Kind, wenn ihr Signale einer Computerspielsucht bemerkt!

Zentrale Strategien für Freunde:
- Biete ihm/ihr Alternativen zum Computerspiel!
- Unternimm regelmäßig etwas mit ihm/ihr!
- Sei aufmerksam und sprich mit ihm/ihr, wenn du Signale einer Sucht bemerkst.

Zentrale Strategien für Spielehersteller:
- Baut Kontrollen ein mit einer maximalen täglichen Spielzeit für alle Spieler und einer höheren Altersfreigabe!
- Baut halbstündliche Pop-up-Fenster ein, um die Spieler daran zu erinnern, dass sie auch etwas anderes machen sollen!

Zentrale Strategien für die Politik:
- Kontrolliert die Altersfreigaben der Spiele konsequenter!
- Informiert die Öffentlichkeit über die Spiele, z.B. durch Plakate oder abendliche Werbespots.
- Stellt den Kindern und Jugendlichen mehr Spielflächen zur Verfügung!

Sonstige Strategien
- Verbessert eure Vereinsarbeit!

5.4 Zusammenfassung der zentralen Ergebnisse

Das Subjektive Konstrukt „World of Warcraft" wird von allen Interviewpartnern, die noch immer „World of Warcraft" spielen, mit positiven Begriffen konnotiert wie lang anhaltender Spaß, Abwechselungsreichtum und das (abenteuerliche) Erleben. Der Interviewpartner, der das Spiel mittlerweile aufgegeben hat, benutzte negative Begriffe wie Langeweile und zeitintensives Spiel.

Bei der Beschreibung von „World of Warcraft" wurde von allen Gesprächspartnern das Belohnungssystem des Spiels in den Vordergrund gestellt. Zentrale Subjektive Diagnosehypothese ist: „Die Weiterentwicklung des Charakters ist abhängig von dem (Miss-) Erfolg im Spiel."

Für alle Interviewpartner ist die Community, die Spielgemeinschaft, das zentrale Element. Dabei wird unterschieden zwischen Freundschaften, die sich erst im Spiel entwickelten und persönlichen Freundschaften. Zentrale Subjektive Diagnosehypothese ist „Die Community im Spiel ist mir sehr wichtig."

Als zentrale Diagnosehypothesen bei der Beschreibung der Computerspielsucht nennen die Interviewpartner folgende zentrale Merkmale: Vernachlässigung des sozialen Umfeldes, fortwährende gedankliche Beschäftigung mit dem Spiel, übertriebene Ernsthaftigkeit, mit der das Spiel betrieben wird, Kontrollverlust, Unstillbarer Drang zu spielen und schädliche Konsequenzen für Beruf, Gesundheit und soziales Umfeld. Viel spielen bzw. regelmäßiges Spielen bedeutet für die Probanden nicht automatisch, dass jemand computerspielsüchtig ist.

In Bezug auf Computerspielsucht wird insbesondere die Gruppe der Eltern als uninformiert eingeschätzt.

Bei der Entstehung von Computerspielsucht werden drei Erklärungen herangezogen. Die Spielmotivation (mit der Kompensation realweltlicher Defizite, dem übertriebenem Ehrgeiz, der intensiven Beziehungspflege und den daraus resultierenden Verpflichtungen), die Spielmechanik, dass das Spiel kein Ende hat und Hormonausschüttung als Belohnung.

Die Interviewpartner sind grundsätzlich der Ansicht, dass die Eltern verantwortlich sind für das Spielverhalten ihrer Kinder. Bei erwachsenen Spielern herrscht keine Einigkeit darüber, ob sie für sich selber verantwortlich sind oder ebenfalls das nahe Umfeld. Nichtsdestotrotz zielen die Tipps an die Spieler auf die Selbstaufmerksamkeit und das Eigenengagement ab. Eltern sollen an dem Leben ihres Kindes teilhaben, sich für ihr

Kind interessieren, es ernst nehmen in seinen Bedürfnissen, ihm zuhören, Verständnis zeigen, aber auch ihnen Alternativen zum Computerspiel bieten und das Computerspielverhalten kontrollieren und zur Not konsequent einschränken. Freunde sollen dem Spieler ebenfalls Alternativen bieten, regelmäßig mit ihm etwas unternehmen und sein Verhalten aufmerksam beobachten und ihn darauf ansprechen, wenn es nötig erscheint. Die Tipps an die Spielehersteller lauten: mehr Kontrolle der Spielzeit und der Altersfreigabe; und die Tipps an die staatlichen Organe: Informiert die Öffentlichkeit über Computerspielsucht und ihre Folgen, kontrolliert konsequenter die Altersfreigabe und bietet den Kindern und Jugendlichen mehr Alternativen!

6. Interpretation der Ergebnisse und Konsequenzen

In diesem Kapitel geht es darum, die im vorherigen Kapitel ausgewerteten zentralen inhaltlichen Ergebnisse zu interpretieren und daran anschließend pädagogische Konsequenzen zu erarbeiten.

6.1 Interpretation der zentralen Ergebnisse

Um die zentralen inhaltlichen Ergebnisse literatur-anbindend zu interpretieren, werden die Arbeitsdefinition aus Kapitel 2 und die Studien aus Kapitel 3 noch einmal aufgegriffen. Dabei werden zunächst die Arbeitsdefinition von Computerspielsucht und die Ergebnisse der Studien mit den zentralen Ergebnissen der eigenen Untersuchung verglichen.

6.1.1 Merkmale von Computerspielsucht

Beim Vergleich der zentralen Ergebnisse mit der Arbeitsdefinition von Computerspielsucht (Kapitel 2.1.2) fällt auf, dass die Interviewpartner viele der sieben Merkmale genannt haben. Das wichtigste Merkmal für die Probanden ist die Vernachlässigung sozial erwünschten Verhaltens, welche in der Definition als Unterpunkt zur Einengung des Verhaltens aufgeführt ist. Auch die andauernde gedankliche Beschäftigung mit dem Spiel und der unstillbare Drang nach dem Spiel werden von mehreren Interviewpartnern genannt. Die verzerrte Wahrnehmung und Gedanken in Bezug auf das Spiel finden in den zentralen Ergebnissen Erwähnung in der Aussage, dass Computerspielsüchtige das Spiel ernster nehmen. Ein weiteres definitorisches Merkmal ist die Regulation von negativen Gefühlen, denen die Interviewpartner ebenfalls einen hohen Stellenwert beimessen. Auch der Kontrollverlust wird in den zentralen Ergebnissen als Merkmal aufgeführt. Als letztes Merkmal für Computerspielsucht werden die schädlichen Konsequenzen für Schule/Beruf, soziales Umfeld und Gesundheit genannt.

Auffällig ist, dass keiner der Gesprächspartner Aussagen in Bezug auf die Merkmale Toleranzentwicklung, Entzugserscheinungen und Rückfall gemacht hat. Dies deutet darauf hin, dass die Probanden diesen Merkmalen entweder keine große Bedeutung beimessen oder sie nicht als Merkmale von Computerspielsucht ansehen.

Im Vergleich mit Barthels Ergebnissen seiner Studie über Alkoholismus (Studie 5) lässt sich ebenfalls eine hohe Übereinstimmung in den Merkmalen feststellen. Besondere Erwähnung hat dort zusätzlich noch die sehr hohe Bedeutsamkeit des Alkohols für den Betroffenen, der eine Kapitänsfunktion („Der Alkohol ist der Kapitän der Seele.") einnimmt. Als weiteres Merkmal wird das heimliche Trinken genannt. Es ist vorstellbar, dass diese beiden Merkmale bei den Probanden keine Erwähnung fanden, weil sie (nach eigenen Aussagen) keine Betroffenen von Computerspielsucht sind und ihnen daher diese Sichtweise fehlt, die die Probanden Barthels als (Ex-)Alkoholiker haben.

In den Studien von Cypra und Yee (Studien 3 und 4) wurde eine Korrelation zwischen der investierten Zeit in das Online-Spiel und Computerspielsucht festgestellt. Die zentralen Ergebnisse dieser Studie sagen dazu aus, dass die Probanden den Faktor Zeit nur bedingt als Merkmal von Computerspielsucht ansehen. Der Grund hierfür ist, dass sie selber in Zeiten von Urlaub und Krankheit intensivere Spielphasen haben, aber sich nicht als computerspielsüchtig bezeichnen, auch wenn es nach spielintensiven Phasen schwieriger ist wieder weniger zu spielen. Andererseits äußert eine Probandin, dass sie erst merkt, dass sie zu viel spielt, wenn sie darauf angesprochen wird und dass sich die Sichtweise über die Länge der Onlinezeiten ändert, wenn man selber aktiver Spieler sei. Der Zeitfaktor wird nur in Verbindung mit anderen Merkmalen wie z.B. Vernachlässigung von realweltlichen Verpflichtungen genannt, wenn die tägliche Hauptaktivität im Spiel stattfindet, aber nicht als allein stehendes Merkmal. Das übermäßige, nächtliche Spielen von Computerspielsüchtigen wurde jedoch auch von den Probanden genannt (Vgl. auch Ergebnisse der Studie 1d)

Hier zeichnet sich ein Gefahrenpotenzial für die Entstehung von Computerspielsucht ab. Wenn sich die Sichtweise der Spieler bezüglich ihrer Onlinezeiten dahingehend verändert, dass sie eine größere Toleranz entwickeln und dies zudem nicht von selbst bemerken, kann es zu Kontrollverlust kommen. Das würde wiederum bedeuten, dass Spieler mit Computerspielsuchtpotenzial nicht in der Lage sind, ihren Spielkonsum selbstständig zu regulieren und auf Hilfe von außen angewiesen sind.

Im direkten Vergleich mit der Literatur weisen die Aussagen der Interviewpartner eine hohe Übereinstimmung in den Merkmalen zur Computerspielsucht auf. Die Merkmale Toleranzentwicklung, Entzugserscheinungen und Rückfall fehlen allerdings.

> *„Häufig wird das exzessive Computerspielen bei Kindern auch von deren Eltern gefühlsmäßig („aus dem Bauch heraus") als ein Suchtverhalten bezeichnet – ohne dass sie sich mit den Diagnosemanualen und den darin enthaltenen Diagnosekriterien der Abhängigkeit näher beschäftigt haben. So scheint die Ähnlichkeit von Sucht und exzessivem Computerspielverhalten auch im Familienalltag offensichtlich zu sein. (Grüsser 2006, S. 31)*

Für die Interpretation der Ergebnisse ist es wichtig zu beachten, dass alle Interviewpartner zwischen 24 und 37 Jahre alt, also Erwachsene sind und keine Kinder oder Jugendlichen an der Untersuchung teilnahmen. Zum anderen sind die Ergebnisse nicht repräsentativ und beziehen sich ausschließlich auf die fünf Probanden.

6.1.2 Ursachen von Computerspielsucht

Laut Arbeitsdefinition liegt die Ursache für Computerspielsucht in dem Betroffenen selbst. Die zentralen Ergebnisse dieser Studie stimmen hiermit überein, denn die am häufigsten genannte Entstehungsursache sind die Motivationen der Betroffenen.
Interessant ist daher auch der Vergleich der zentralen Ergebnisse mit den Studien von Cypra bzw. Yee (Studien 3 und 4):
Laut Yee gibt es zwei Formen der Sucht: eine, die unterschwellige Frustration oder unterdrückte Gefühle positiv übermantelt, und die andere, die die Gier oder Motivation aufrecht erhält, „mehr" im Spiel zu erreichen. In den zentralen Ergebnissen dieser Studie sind diese beiden Formen der Computerspielsucht nicht ausdrücklich als „Formen" benannt, jedoch werden beide als Ursachen von Computerspielsucht aufgeführt. Yee macht den Grad der Computerspielsucht davon abhängig, wie viele „attraction-" und „motivation-Faktoren" den Betroffenen an das Spiel binden. Diesbezüglich gibt es keine Aussagen von den Interviewpartnern. Allerdings ist ein Vergleich der zentralen Ergebnisse mit diesen Faktoren interessant:
Yee formuliert drei „attraction-factors": das Belohnungssystem, die Druckkulisse des Gruppenspiels und das Eintauchen in das Spiel. „World of Warcraft" wird anhand des Belohnungssystems ausführlich von allen Probanden beschrieben, aber nur indirekt im Zusammenhang mit Computerspielsucht erwähnt. Sie machen den übertriebenen Ehrgeiz der Spieler – alles erreichen zu wollen und es nicht zu können - für die Entstehung von Computerspielsucht verantwortlich, nicht die Spielmechanik der Belohnungsstruktur. Als spielmechanische Ursache wird in den zentralen Ergebnissen genannt, dass „World of Warcraft" ein endloses Spiel ist, weil es immer etwas Neues gibt. Dies ist auch der Grund, warum nie alles erreicht werden kann. Das Prinzip der „Karotte an der Angel" wird von keinem Gesprächspartner beschrieben. Zwar wird das Belohnungssystem als solches erkannt, aber „das Prinzip der Karotte an der Angel" nicht als Gefahrenquelle wahrgenommen. Die Probanden sehen die Gefahr in der Person selbst.

Nur ein Interviewpartner äußert die Vermutung, dass ausgeschüttete Hormone beim Erhalt von spielinternen Belohnungen eine mögliche Entstehungsursache sind.

Den zweiten Faktor bezeichnet Yee als Druckkulisse des Gruppenspiels. Auch die Interviewpartner nennen Verpflichtungen im spielinternen Sozialgefüge als mögliche Entstehungsursache. In „World of Warcraft" sind ca. dreiviertel der Spieler in Gilden organisiert, so dass es schwer ist, sich dem zu entziehen.

Das Eintauchen in das Spiel ist Yees dritter „attraction-factor". Nur ein Interviewpartner beschreibt den Märchenweltcharakter als Konstrukt und die Identifikation der Betroffenen mit ihrem Avatar. Allerdings finden sich verschiedene Aussagen darüber, dass das Ausrüsten und Stärken der Avatare ein wesentlicher Bestandteil des Spieles ist. Dieser „attraction-factor" wird nur von einem Probanden als Gefahrenquelle identifiziert.

Weiterhin nennt Yee drei „motivation-factors": die Kompensation realweltlicher Defizite, die Beziehungspflege und der Frustration-/Stressabbau. In den zentralen Ergebnissen ist die Kompensation realweltlicher Defizite als ausführlichste Ursache für die Entstehung von Computerspielsucht beschrieben. Beim Vergleich der Beschreibung Yees und den zentralen Aussagen herrscht eine hohe Übereinstimmung bei der Beschreibung dieses Faktors. Die Interviewpartner berichten wie Yee von Menschen mit Problemen in der realen Welt - von Minderwertigkeitsgefühlen, der nicht vorhandenen Kontrolle über das eigene Leben, Perspektivlosigkeit oder Konflikte mit dem nahen Umfeld – um sich deswegen aus der Realität in die Virtualität zu flüchten und dort für eine gewisse Zeit abzutauchen. Sie berichten ebenfalls von dem Bestreben der Betroffenen, von anderen um jeden Preis bewundert und gewertschätzt zu werden und die Kontrolle über ihr virtuelles Leben zu haben, was ihnen im realen Leben versagt ist.

Auch der Faktor Beziehungspflege wird in den zentralen Ergebnissen thematisiert, und auch hier argumentieren die Interviewpartner wie Yee.

Bezüglich des Faktors Frustrations-/Stressabbau finden sich in den Interviews nur vereinzelt Aussagen. Die wiederum bestätigen Yees Aussage, dass das Spiel zum täglichen Frust- und Stressabbau genutzt wird.

Für mich ist das ein guter Ausgleich, wenn ich einen schlimmen Tag hatte, bei der Arbeit viel Stress und muss abends abbauen, weil irgendwer mich geärgert hat. (Wuzzi, Z.11-13)

Dass „World of Warcraft" als grundsätzlicher Frustrations- und Stressabbau genutzt wird, wurde ja bereits in dem Punkt Kompensation realweltlicher Defizite behandelt und bestätigt.

Interessant ist auch der Vergleich mit der Alkoholismus-Studie (Studie 5). Barthels Probanden sehen als Hauptursachen für Alkoholismus die öffentliche Akzeptanz, die leichte Zugänglichkeit des Alkohols und die viel zu geringe Aufklärung der Öffentlichkeit über Alkoholismus. Dies sind alles Argumente, die bei den Interviewpartnern dieser Studie in Bezug auf die Entstehung von Computerspielsucht nicht aufgeführt werden, sondern erst in Bezug auf Strategien gegen die Sucht, wobei die öffentliche Akzeptanz auch dort nicht erwähnt wird. Des Weiteren benennen die Probanden der Barthels-Studie das Modelllernen Gleichaltriger und die positive Verknüpfung des Alkohols als mögliche Suchtursachen. Auch diese werden von den Probanden dieser Studie nicht angeführt. Der Grund hierfür könnte wiederum sein, dass die Interviewpartner selber keine Betroffenen sind und sich ihnen daher diese Sichtweise verschließt. Barthels Probanden argumentieren weiter, dass in der Folge von regelmäßigem, übermäßigem Alkoholkonsum Alkoholmissbrauch entstehen kann, wenn Trinken als Problemlösungsstrategie genutzt wird. Der Begriff „Missbrauch" findet bei den Interviewpartnern dieser Arbeit keine Erwähnung, auch nicht in Umschreibungen. Es bleibt die Frage offen, ob ihnen der Unterschied zwischen Missbrauch und Sucht bekannt ist und ob sie Missbrauch als Vorstufe zur Sucht ansehen. Dies müsste eine weitere Studie untersuchen. Auch der Aussage, dass pathologische Spieler sich durch ihre konkrete Lebenssituation häufiger überfordert fühlen und sie eine inadäquate Stressbewältigung besitzen, wird von den zentralen Ergebnissen bestätigt (Vgl. auch Studie 2 von Jägers).

Als Gründe für Alkohol als Problemlöser nennen die Probanden als Studie 5: Spannungsminderung und Angstlösung für persönliche Lebensschwierigkeiten (z.B. schwere Enttäuschungen, Eheprobleme, Verlust der Arbeit, Einsamkeit und Desinteresse der anderen) und ein labiler Charakter (Unfähigkeit Gefühle zu zeigen, Hilflosigkeit; mangelndes Vertrauen in eigene Konfliktbewältigung). Die Spannungsminderung wurde weiter oben schon durch Frustrations- und Stressabbau behandelt. Das Argument der Angstlösung wird in dieser Untersuchung ebenfalls angeführt mit ähnlichen Beispielen. Der labile Charakter wird nur von einem Probanden angesprochen, aber nur oberflächlich beschrieben.

Gerade wenn man ein labilerer Charakter ist, jemand, der eher Probleme draußen hat und sich gerne in etwas reinflüchtet, dass sind wohl die letzten, die zugäben, dass sie da ein Problem haben. (Wuzzi, Z. 289-291)

Das Ziel von Alkoholismus ist laut Barthels Probanden nicht der Genuss, sondern das Erreichen eines High-Gefühls, eines Rauschzustandes, der keine Freude am Trinken bringt, sondern den Zwang zum regelmäßigen Alkoholkonsum befriedigt. Die Frage nach dem Ziel von Computerspielsucht bleibt in dieser Untersuchung offen und bedarf weiterer Nachforschung.

Grundsätzlich sind den Probanden die zwei von Yee beschriebenen Formen von Computerspielsucht geläufig. Die Interviewpartner sind sicher im Erkennen der „motivation"-Faktoren, aber zeigen Unsicherheiten in der Erkennung der attraction-Faktoren.
Die Interviewpartner sehen und verstehen zwar die Spielmechanik des Belohnungssystems, erkennen darin aber keine mögliche Ursache für Computerspielsucht. Das „Prinzip der Karotte an der Angel" wird nicht erkannt. Auch die verstärkte Identifikation der Betroffenen mit ihrem Avatar wird nur von einem Probanden im Zusammenhang mit Ursachen von Computerspielsucht erwähnt. Auch hier wurde von den übrigen Interviewpartnern die Spielmechanik erkannt, aber nicht als Gefahrenquelle ausgemacht. Der Begriff des Missbrauchs wird ebenfalls von keinem Interviewpartner beschrieben.
Anzumerken bleibt, dass die öffentliche Akzeptanz, die leichte Zugänglichkeit, die viel zu geringe Aufklärung der Öffentlichkeit, das Modelllernen Gleichaltriger und die positive Verknüpfung eventuell auch Ursachen für Computerspielsucht sein könnten. Inwiefern die in Barthels Studie genannten Entstehungsursachen von Alkoholismus auch auf Computerspielsucht zutreffen, müssten weitere Studien zeigen.

6.1.3 Strategien gegen Computerspielsucht

Alle Interviewpartner taten sich schwer damit, Strategien zu benennen, weil es ihrer Meinung nach keine Pauschallösungen gibt. Die Probanden argumentieren für Individuallösungen: *„Jeder Mensch ist individuell."* (Wuzzi, Z. 313) Daraus ergibt sich, dass es kein allgemeingültiges Konzept für Strategien geben kann, damit die Spieler die Kontrolle über das Spiel behalten. Jede Strategie muss an die Bedürfnissen und Gegebenheiten des Einzelnen angepasst werden.

Einigkeit besteht darin, dass Eltern für das Spielverhalten ihrer Kinder die Verantwortung übernehmen müssen. Uneinigkeit herrscht darüber, ob der erwachsene Spieler selber - oder das nahe Umfeld - für sein Spielverhalten verantwortlich ist, auch wenn die Entstehung der Computerspielsucht laut den Probanden in dem Betroffenen selbst begründet ist. Dies steht wiederum im Kontrast zu der Aussage der Probanden, dass wenn man nicht merkt, dass man selber zu viel spielt, dass man dann auch selber nichts gegen die Entstehung von Computerspielsucht unternehmen kann und andere einen darauf aufmerksam machen müssen. Grund dafür ist nach Aussagen der Interviewpartner, dass der Spieler selber zu spät bemerkt, dass er vielleicht schon süchtig ist.

Dementsprechend haben die Gesprächspartner Strategien für mehrere Zielgruppen entwickelt: der Spieler, das nahe Umfeld (Eltern, Freunde).

Die Tipps an die Spieler betonen die Eigenverantwortlichkeit des Spielers für sein Spiel-/Spielkonsumverhalten. Selbstaufmerksamkeit und Eigenengagement sind Ziel der genannten Strategien.

Zum einen ist diese Aussage dahingehend zu deuten, dass Spieler besser über die Entstehung und die Merkmale von Computerspielsucht informiert werden müssen, um die Selbstaufmerksamkeit zu schärfen, zum anderen sollten den Spielern grundsätzliche Tipps und Verhaltensregeln zum richtigen Umgang mit dem Computerspiel beigebracht werden. Zudem deutet diese Aussage darauf hin, dass besonders das nahe Umfeld des Spielers (Familie, Freunde) Strategien benötigt, um eine Früherkennung von Computerspielsucht zu gewährleisten und ihm Tipps an die Hand zu geben, nach denen das Umfeld handeln kann, um den Spieler dabei zu unterstützen die Kontrolle zu behalten.

Die Zielgruppe der Eltern bekommt von den Interviewpartnern die mit Abstand meisten Tipps und Verhaltensregeln. Dies liegt daran, weil die Interviewpartner der Meinung sind, dass Eltern zu wenig informiert sind, was Computerspielsucht überhaupt ist, welche Spiele ihrer Kinder spielen und wie sie mit ihren Kindern nach Ansicht der Probanden umzugehen haben in Bezug auf ein kontrolliertes Computerspielverhalten.

Außerdem wurden Forderungen in Form von Tipps an die Politik und die Spielehersteller gestellt, die es dem Spieler und dem nahen Umfeld leichter machen sollen, die Kontrolle zu behalten.

6.2 Pädagogische Konsequenzen

In diesem letzten Teil der Arbeit werden die Konsequenzen, die sich aus den zentralen Ergebnissen und der Interpretation im Hinblick auf den Verwendungszweck dieser Arbeit ergeben, weiter für die pädagogische Praxis aufgearbeitet. Der Verwendungszweck dieser Arbeit ist, mit den Ergebnissen die Spieler dabei zu unterstützen, die Kontrolle über ihr Spiel zu behalten.

6.2.1 Zielgruppenorientierte Konsequenzen

Als mögliche Zielgruppen ergeben sich: Kinder und Jugendliche, Erwachsene und Eltern. Der Staat und die Spielehersteller werden als Unterstützung des Spielers ausgeklammert, da sie nur indirekt Hilfestellung geben können.
Im Folgenden geht es darum, mögliche pädagogische Konsequenzen für die genannten Zielgruppen aufzuzeigen und in Kapitel 6.2.2 eine vertieft darzustellen.

... für Kinder und Jugendliche

Grundsätzlich herrscht Uneinigkeit unter den Probanden, ob die Spieler selber etwas dafür tun können, die Kontrolle über das Spiel selber zu behalten, da die Betroffenen nach Aussagen der Interviewpartner zu spät bemerken, dass sie schon süchtig sind.
Das bedeutet in der pädagogischen Konsequenz, dass die Spieler – egal ob Erwachsene oder Kinder - besser über die Entstehungsursachen und die Merkmale von Computerspielsucht informiert werden müssen, um die Selbstaufmerksamkeit zu schärfen, zum anderen sollten den Spielern grundsätzliche Tipps und Verhaltensregeln zum richtigen Umgang mit dem Computerspiel beigebracht werden, damit es ihnen leichter fällt, reflektiert die Kontrolle über das Spiel zu behalten.

Mögliche pädagogische Angebote:

- Informationen und Aufklärung
    - Aufklärungskampagnen mittels Plakaten, Flyern, Broschüren, Kurzfilmen und Infoveranstaltungen
    - interaktive Tests
    - spezielle Internet-Foren für Kinder und Jugendliche
- Förderung der Medienkompetenz durch
    - eine Computerspiel-AG
    - Medienpädagogische Unterrichtsreihen zur Computerspielsucht

- Erlebnispädagogische Projekte zur Konflikt-/ Stressbewältigung, die gezielt die Konsummotive und Ressourcen aufgreifen

- Persönliche Beratung und Hilfestellung (aber auch E-Mail-/Chat-Beratung)

- Konsumregeln und Kontrolle durch das Jugendschutzgesetz

... für Eltern und Erwachsene

Die Interviewpartner sind grundsätzlich der Ansicht, dass die Eltern verantwortlich sind für das Spielverhalten ihrer Kinder. Sie bekommen von den Interviewpartnern die mit Abstand meisten Tipps und Verhaltensregeln, weil Eltern zu wenig informiert sind, was Computerspielsucht ist, welche Spiele ihrer Kinder spielen und wie sie mit ihren Kindern nach Ansicht der Probanden umzugehen haben, auch in Bezug auf ein kontrolliertes Computerspielverhalten.

Das bedeutet in der pädagogischen Konsequenz, dass Eltern mehr Information und Aufklärung über Computerspielsucht bedürfen und Hilfestellung benötigen im kommunikativen Umgang mit ihren Kindern, um sie dabei zu unterstützen die Kontrolle über das Spiel zu behalten

Mögliche pädagogische Angebote:

- Informationen und Aufklärung
    - Aufklärungskampagnen mittels Plakaten, Flyern, Broschüren, Kurzfilmen, Infoveranstaltungen, abendlichen Werbespots
    - interaktive Tests
    - spezielle Internet-Foren für Erwachsene

- Seminare zur Förderung der Kommunikativität mit dem Kind und praktische Anleitung zum kontrollierten Computerspielverhalten

- Persönliche Beratung und Hilfestellung

6.2.2 Präventions-Seminar für Eltern

Im Blick auf die möglichen pädagogischen Konsequenzen der einzelnen Zielgruppen, wurde sich für ein Seminar mit den Eltern als Zielgruppe entschieden. Der Grund hierfür ist, dass alle Interviewpartner auf das große Informationsdefizit der Eltern eingegangen sind und betont wurde, dass sie verantwortlich sind für das Computerspielverhalten ihrer Kinder und nicht die Kinder für sich selbst.

Das Thema
Das Thema des Seminars ist „Elterliche Computerspielsucht-Präventionsarbeit".
In dem Seminar soll es darum gehen, den Eltern von Kindern und Jugendlichen Möglichkeiten der Vorbeugung vorzustellen und wie sie Einfluss nehmen können auf das Computerspielverhalten ihrer Schutzbefohlenen. Im Vordergrund steht dabei die elterliche Kommunikation mit dem Kind.

Damit so ein Präventionsseminar nicht im „luftleeren Raum" stattfindend, bietet sich die Einbindung des Seminars in eine Schulprojektwoche zum Thema Medienkompetenz an. Die Schüler erarbeiten in Projekt-AGs eigene Ergebnisse, die den Eltern im daran gekoppelten „elterlichen Präventionsseminar" präsentiert und in Verbindung zueinander gebracht werden. Durch die Verknüpfung Schule – Kind – Eltern ist eine lebensweltliche Einbindung und somit eine erhöhte Teilnahmemotivation zu erwarten.

Inhaltliche Schwerpunkte
Inhaltlich werden die folgenden Schwerpunkte gesetzt:
- Aufklärung über Computerspielsucht (Ursachen, Merkmale und Folgen)
- Elterliche Einflussnahmemöglichkeiten
    - Ratschläge für die Kommunikation mit dem Kind (Wie spreche ich mit meinem Kind über sein Computerspielverhalten?)
    - Verstärker-Plan (Wie stärke ich ein positives Verhalten?)

Merkmale von Computerspielsucht wurden bereits in Kapitel 2.1 aufgearbeitet. Zu den Ursachen und Folgen findet sich aktuelles Material in den Studien in Kapitel 3. Daher wird im Weiteren auf die Vorbeugung und elterliche Einflussnahme eingegangen, wobei die Kommunikation mit dem Kind/ Jugendlichen einen maßgeblichen Platz einnimmt.
Ziel der elterlichen Einflussnahme soll es sein, dass sich das Computerspielverhalten des Kindes dahingehend ändert, dass es kontrolliert Computerspiele nutzt bzw. sofort ein adäquates Computerspielverhalten erlernt. Der Grund, warum keine Abstinenz das

Ziel sein kann ist, dass der Computer ein fester Bestandteil des alltäglichen sozialen und beruflichen Lebens geworden ist und daher der Erwerb einer dem Medium angemessenen Kompetenz unerlässlich ist.

Häufig ist die Kommunikation zwischen Eltern und Kindern durch verhärtete Fronten gestört, weil die Interessen von Eltern und Kindern kollidieren und keine adäquate Kommunikation zustande kommt. Daher ist es wichtig, den Eltern diesen Kommunikationsprozess auf der Metaebene zu veranschaulichen und transparent zu machen, um an dieser Stelle intervenieren zu können.

Das **Kommunikationsmodell von Schul von Thun** (Vgl. Schulz von Thun 1998, S. 30) bietet sich an, um zu erläutern woran Kommunikation scheitern kann und wie adäquate Kommunikation funktioniert:

Damit eine Kommunikation zu Stande kommen kann, müssen mindestens zwei Personen anwesend sein. Der eine ist der Sender, der andere der Empfänger. Will nun der Sender dem Empfänger etwas mitteilen, so bedient er sich einer Nachricht, die er übermitteln will. Diese Nachricht besteht nach Schulz von Thun aus vielen kleinen Botschaften zusammengeschnürt in einer Nachricht.

Das **Aktive Zuhören** (Vgl. Gordon 2004, S. 61ff.) unterstützt diesen Prozess. Es geht darum zu verstehen, was der Sender empfindet oder was seine Botschaft besagt. Der Empfänger fasst die Botschaft mit eigenen Worten und dem Gefühl, was die Botschaft bedeutet, zusammen und meldet sie dem Sender zurück ohne eigene Gefühle, Werturteile etc. einzuflechten. Menschen (auch Kinder) durchdenken ein Problem besser, wenn sie es durchsprechen. Durch das Feedback wird ihm noch einmal deutlich gesagt, was er selber schon formuliert hat und sieht und empfindet oftmals klarer. Das Kind wird von ganz alleine seine Probleme erkennen, Einsichten gewinnen und konstruktive Lösungsansätze formulieren. Positiver Nebeneffekt ist, dass Kinder eher gewillt sind, den Eltern zuzuhören, wenn die Eltern zuvor ihren Kindern aufmerksam gelauscht haben.

Zudem bietet sich Technik der **Ich-Botschaften** an, um das Verhalten des Kindes zu modifizieren, da sie wenig Widerstand und Rebellion beim Kind auslöst. Eine Ich-Botschaft ist eine Botschaft über mich. Sie enthält meine echten und ehrlich gemeinten Gefühle als Reaktion auf das Verhalten eines anderen (hier auf das Verhalten des Kindes). Ich teile aber auch die Konsequenzen mit, die auf das Verhalten des anderen folgen könnten. Eine Ich- Botschaft besteht aus 3 Komponenten: a) Benennung des Gefühls, b) Benennung des Verhaltens, das dieses Gefühl auslöst/ bedingt, c) Benennung der Konsequenzen, die auf das Verhalten folgen. Beispiel: „Ich sorge mich um dich, weil du so viel Computer spielst und ich das Gefühl habe, dich gar nicht mehr zu kennen." Ich- Botschaften enthalten echte Gefühle und ermöglichen so gegenseitiges Vertrauen. Eltern und Kinder können einander näher kommen, wenn die Eltern zeigen, dass sie menschlich sind. Die Kinder werden dazu ermutigt, selbst Ich-Botschaften zu senden und fühlen sich angenommen und respektiert.

Traditionell bedienen sich Eltern bei der Lösung von Konflikten innerhalb der Familie einer „Sieg-Niederlage-Machtmethode". Um eine gemeinsame Lösung für den Konflikt zu finden, welche Eltern und Kinder gleichermaßen als annehmbar empfinden, bietet sich die **Niederlagelose Methode** (Vgl. Gordon 2004, S. 253 ff.) an. Gordon beschreibt die Methode wie folgt:

„Elternteil und Kind stehen vor einer Bedürfniskonflikt-Situation. Der Elternteil bittet das Kind, sich gemeinsam mit ihm an der Suche nach einer für beide annehmbaren Lösung zu beteiligen. Einer oder beide können mögliche Lösungen vorschlagen. Sie beurteilen sie kritisch und entscheiden sich schließlich für eine für beide annehmbare, endgültige Lösung. Nachdem man sich für eine Lösung entschieden hat, braucht keiner sie dem anderen schmackhaft zu machen, denn beide haben sie bereits akzeptiert. Machtanwendung ist nicht notwendig, um eine Einwilligung zu erzwingen, denn keiner von beiden sträubt sich gegen die Entscheidung." (Gordon 1998, S. 212)

Die Methode besteht aus sechs einzelnen Schritten (Gordon 1989, S. 254):
1. Den Konflikt identifizieren und definieren.
2. Mögliche Alternativlösungen entwickeln. (Brainstorming ohne Wertungen)
3. Die Alternativlösungen kritisch bewerten.
4. Sich für die beste annehmbare Lösung entscheiden.
5. Wege zur Ausführung der Lösung ausarbeiten.
6. Spätere Untersuchung, um zu beurteilen, wie sie funktionierte.

Die Niederlagelose Methode bietet keine Standardlösungen für ein Problem. Jede Familie muss die für sie passende Lösung selbst erarbeiten.

Der letzte inhaltliche Schwerpunkt ist ein **Verstärkerplan** (Vgl. Grüsser 2006, S. 88ff.), wie er in der Verhaltenstherapie eingesetzt wird und auf das familiäre Umfeld angepasst wurde. So ein Plan soll die Eltern dabei unterstützen, gemeinsam mit dem Kind das eventuell schon problematische Computerspielverhalten beeinflussen zu können und dem Zielverhalten näher zu kommen.

Es gibt drei Arten von Verstärkern: a) Soziale Verstärker (z.B. Aufmerksamkeit, loben), b) Materielle Verstärker (z.b. kleine Belohnungen, auch gemeinsame Aktivitäten) und therapeutisch sehr wirksam c) Symbolische Verstärker („tokens" die nach vorher festgelegtem Wechselkurs für etwas ungewöhnlich Reizvolles eingetauscht werden können z.B. Büroklammern, gemalte Lachgesichter).

„Es kommt nicht auf den Wert der Belohnung an, sondern auf die Transparenz (Ihrem Kind muss klar sein, welche Aufgaben es hat und was es dafür erhält (...)) und die Konsequenzen (alle Beteiligten sind verpflichtet, sich an die vereinbarten Regeln zu halten: Art der Belohnung, Zeit der Ausgabe und Erfüllung der Belohnung im zuvor vereinbarten Zeitrahmen). Andernfalls wird das ganze Vorhaben keinen Erfolg zeigen!!" (Grüsser 2006, S. 89)

Alle nun folgenden Schritte müssen die Eltern gemeinsam mit dem Kind (unter Zuhilfenahme der Niederlagelosen Methode) erarbeiten:

1. Definition des Problemverhaltens
2. Festlegung des Zielverhaltens
3. Ermitteln der Grundkurve des Problem-/ Zielverhaltens
4. Kriterien für das Erteilen von Tokens
5. Ermittelung der Bedürfnisse, die durch das Computerspielen befriedigt werden
6. Festlegung der Eintausch-Verstärker und des Modus für den Erhalt der Eintausch-Verstärker
7. Phase der Verhaltensänderung
8. Erstellung der Häufigkeitskurve des Zielverhaltens

Für Kinder bietet sich eine täglich festgelegte Spielzeit an, für Jugendliche eher ein Wochenzeitkontingent an Spielstunden.

Methodenwahl

Im Bereich der Methoden bietet sich Abwechselung an: kurze Vorträge und praktische Arbeitsphasen (z.B. Kleingruppenarbeit, Diskussionsrunden, Rollenspiele) sollen sich abwechseln. Um die Eltern noch besser an das Thema heranzuführen, bietet es sich an, sie selber für eine begrenzte Zeit im Seminar ein MMORPG spielen zu lassen. Zudem sollen die Ergebnisse der Schülerprojekte mit in das elterliche Seminar mit einfließen.

6.2.3 Offene Fragen // Ausblick

Diese Untersuchung hat gezeigt, dass es bei den Spielern und, laut den Probanden, vor allem bei den Eltern noch einen großen Aufklärungsbedarf zu decken gilt. Die Probanden dieser Arbeit waren fünf erwachsene Spieler und Spielerinnen. Das ist nicht repräsentativ. Es müssen weitere, größer angelegte Studien folgen, um den tatsächlichen Aufklärungsbedarf festzustellen und Möglichkeiten der Präventionsarbeit zu finden. Mögliche Zielgruppen sind jugendliche Spieler, Eltern und Computerspielsüchtige.

Die Medienlandschaft hat in den letzten Monaten einen großen Beitrag zur Aufklärung geleistet. Allerdings wurde teilweise auch sachfern berichtet und so ein falsches Bild von Computerspielsucht geschürt. In unserem Medienzeitalter ist es wichtig, frühzeitig einen adäquaten Umgang mit den Medien zu erlernen, um sich und seine Kinder vor Medienmissbrauch zu schützen.

Gespräche mit Eltern von Online-Computerspielern dämpfen meine Erwartung von einer weitreichenden Aufklärung. Fast ohne Ausnahme bekam ich zur Antwort, dass sie ein Seminar zur Computerspielsucht erst besuchen würden, wenn sie bereits „betroffene Eltern" seien. Umso wichtiger ist jetzt eine konsequente Aufklärungs- und Präventionsarbeit.

Die aktuellsten Zahlen des Kriminologischen Forschungsinstituts Niedersachsen (KFN) (Vgl. Rathsfeld 2009, S. 4) besagen, dass das Problem der Computerspielsucht in den letzten vier Jahren um mindestens 50 Prozent gestiegen ist. Christian Pfeiffer (Direktor des KFN) veröffentliche Anfang Juli 2009 auf der Berliner Jahrestagung zum Thema „Internet und Computerspiele – wann beginnt die Sucht?" aktuelle Ergebnisse einer Umfrage unter 40.000 Neunklässlern der Jahre 2007 und 2008, wonach 3 Prozent der Jungen und 0,3 Prozent der Mädchen computerspielabhängig sind, und weitere 4,7 Prozent der Jungen und 0,5 Prozent der Mädchen als gefährdet eingestuft werden.

Die Drogenbeauftragte Sabine Bätzinger (Vgl. Reuters 2009, S. 1) reagiert darauf und fordert schärfere Altersbeschränkungen für Spiele wie „World of Warcraft" und setzt sich dafür ein, Computerspielsucht als Krankheit einstufen zu können. Zudem fordert sie die umfassende und frühzeitige Aufklärung von Eltern und Lehrern über Mediensucht.

Am 25. September erscheint das nächste MMORPG „Aion" auf dem Weltmarkt. Im Gegensatz zum westlich orientierten „World of Warcraft", stammt „Aion" aus asiatischer Produktion und wird andere Spielerkreise ansprechen und die Zahl der Online-Spieler weiter steigen lassen.

7. Literaturverzeichnis

Monographien:

- Barthels, M.: Subjektive Theorien über Alkoholismus. Versuch einer verstehend-erklärenden Psychologie des Alkohols. Münster 1991.
- Drewes, D.: Fernsehen, Internet & Co. Wie Kinder Medien sinnvoll nutzen können. Augsburg 2002
- Flick, U., von Kardorff, E., Steinke, I.: Qualitative Forschung. Ein Handbuch, Reinbek 2007
- Hesse, H., Hesse, A.: Computer- und Videospiele. Alles, was Eltern wissen sollten. München 2007
- Gordon, Th.: Familienkonferenz. Die Lösung von Konflikten zwischen Eltern und Kind. Hamburg 2004.
- Groeben, N., Wahl, D., Schlee, J., Scheele, B.: Das Forschungsprogramm Subjektive Theorie
- Grüsser, S., Thalemann, R.: Computerspielsüchtig?.Rat und Hilfe. Göttingen 2006.
- Kaminski, W., Lorber, M.: Clash of Realities. Computerspiele und soziale Wirklichkeit. München 2006
- König, E., Volmer, G.: Systemisch denken und handeln. Personale Systemtheorie in Erwachsenenbildung und Organisationsberatung. Weinheim 2005)
- König, E., Volmer, G.: Systemische Organisationsberatung. Grundlagen und Methoden, Weinheim 1997, 5. Auflage.
- König, E., Volmer, G.: Systemische Organisationsberatung. Grundlagen und Methoden, Weinheim 2000, 7. Auflage.
- König, E., Zedler, P.: Qualitative Forschung. Grundlagen und Methoden, Weinheim 2002, 2. Auflage.
- König, E., Zedler, P.: Theorien der Erziehungswissenschaft. Einführung in Grundlagen, Methoden und praktische Konsequenzen, Weinheim 2002, 2. Auflage.
- Lamnek, S.: Qualitative Sozialforschung. Methoden und Techniken, Band 2, Weinheim 1995.
- Mayring, Ph.: Einführung in die qualitative Sozialforschung. Eine Anleitung zu qualitativem Denken. Weinheim 2002, 5. Auflage.
- Mayring, Ph.: Qualitative Inhaltsanalyse. Grundlagen und Techniken. Weinheim

2003, 8. Auflage.
- Quandt, Th. & Wimmer, J.: Online-Spieler in Deutschland 2007. Befunde einer repräsentativen Befragungsstudie. In: Quandt, Th., Wimmer, J., Wolling, J.: Die Computerspieler. Studien zur Nutzung von Computergames. Wiesbaden 2008. S. 169-192
- Schulz von Thun: Miteinander reden 1. Störungen und Klärungen. Reinbek 1998.
- Watzlawick, P.: Menschliche Kommunikation. Formen, Störungen, Paradoxien. Bern 1996.
- Wimmer, J, Quandt, Th., Vogel, K.: Teamplay, Clanhopping und Wallhacker. Eine explorative Analyse des Computerspielens in Clans. In: Quandt, Th., Wimmer, J., Wolling, J.: Die Computerspieler. Studien zur Nutzung von Computergames. Wiesbaden 2008, S. 149-167.

Zeitschriften:

- Griffith, Davis, Chappell: Online computer gaming. A comparison of adolescent and adult gamers. In: Journal of Adolescence 2004/27, S. 87-96
- Gross, W.: Stoffungebundene Abhängigkeit: eine neue Diagnose für exzessive belohnende Verhaltensweisen mit Kriterien der Abhängigkeit? In: Suchtmed 6/2004
- Grüsser, S.M., Thalemann, R., Albrecht, U., Thalemann, C.: Exzessive Computernutzung im Kindesalter. Ergebnisse einer psychometrischen Erhebung. Wiener klinische Wochenschrift, 2005, Ausgabe 117, S. 188-195.
- Grüsser, S.M., Thalemann, R., Griffiths, M.D.: Excessive Computer Game Playing: Evidence for Addiction and Aggression? In: CyberPsychology & Behavior Vol. 10, No 2, 2007, S. 290-292
- Mayring, Ph.: Einführung in die qualitative Sozialforschung. Eine Anleitung zu qualitativem Denken, Weinheim 2002, 5. Auflage.
- Thalemann, R. Albrecht, U., Thalemann, C.N., Grüsser, S.M.: Fragebogen zum Computerspielverhalten bei Kindern. Entwicklung und psychometrische Kennwerte. In: Psychomed , 4/2004, S. 262-232
- Thalemann, R., Wölfling, K., Grüsser, S.M.: Specific Cue Reactivity on Computer Game-Related Cues in Excessive Gamers. In: Behavioral Neuroscience 2007, Vol. 121, No. 3, S. 614-618.
- Wölfling, Thalemann, Grüsser: Computerspielsucht: Ein psychopathologischer

Symptomkomplex im Jugendalter. In. Psychiatrische Praxis 2007.
- Wölfling, K., Müller, K.: Phänomenologie, Forschung und erste therapeutische Implikationen zum Störungsbild Computerspielsucht. In: Psychotherapeutenjournal 2/2008

Zeitungsartikel:

- Reuters: Internet-Sucht nimmt zu. Stundenlanges Spielen: 13 000 Jungen sollen schon betroffen sein. Westfälisches Volksblatt, Ausgabe 152/2009, S. 1.
- Rathsfeld: In der virtuellen Welt der Avatare gefangen. Süchtige leben sozial zurückgezogen und meiden andere. Westfälisches Volksblatt, Ausgabe 152/2009, S. 4.

Sonstige Publikationen:

- Cypra, O.: Warum spielen Menschen in virtuellen Welten? Eine empirische Untersuchung zu Online-Rollenspielen und ihren Nutzern. Diplomarbeit in den Sozialwissenschaften an der Johannes Gutenberg Universität Mainz. Mainz 2005.
- Grüsser, S.M.: Lerntheoretischer Erklärungsansatz zur Entstehung und Aufrechterhaltung von abhängigem Verhalten: Empirische Erhebung des Verlangens. Habilitationsarbeit. Berlin 2005.
- Jäger, R.S., Moormann, N.: Merkmale pathologischer Computerspielnutzung im Kindes- und Jugendalter. Zentrum für empirische Forschung (zepf) der Universität Koblenz-Landau
- Müller, K.W.: Erste empirische Implikationen der ambulanten Therapie von Computerspielsucht. Powerpointpräsentation auf der DHS-Fachkonferenz. Bielefeld 10.11.2008.
- Thalemann, R.: Variablen exzessiver Computer- und Internetnutzung im Kindes- und Jugendalter. Publikationspromotion. Charité-Universitätsmedizin 2008.

Internet:

- Los Angeles Times, 25. Juni 2007
  AMA may identify excessive video game play as addiction
  http://articles.latimes.com/2007/jun/25/business/fi-games25
- Wikipedia – Definiton "Mob"
  http://de.wikipedia.org/wiki/Mob
- Blizzard Entertainment
  Artikel vom 23.12.2008: WORLD OF WARCRAFT® zählt jetzt mehr als 11,5 Millionen Abonnenten weltweit
  http://eu.blizzard.com/de/press/081223.html
- Blizzard Entertainment - F.A.Q. – Was ist World of Warcraft?
  http://www.wow-europe.com/de/info/faq/general.html

8. Anhang

Interview mit Wuzzi

Interviewdauer: 22 Min.

Ich: Was fällt dir spontan ein, wenn du an „World of Warcraft" denkst?

Wuzzi: Warcraft ist ein Online-Rollenspiel, was sehr viele Menschen auf der Welt spielen und ich bin einer davon. Es ist ein Spiel, was sehr viel Spaß macht. Über das Spiel habe ich sehr viele neue Leute kennen gelernt.

Ich: Was meinst du mit ‚das macht Spaß'?

Wuzzi: Für mich ist das ein guter Ausgleich, wenn ich einen schlimmen Tag hatte, bei der Arbeit viel Stress und muss abends abbauen, weil irgendwer mich geärgert hat. Dann setzte ich mich ran und kann dadurch meinen Stress abbauen. Ich kann dann einfach abschalten und mit netten Leuten reden…das ist das wichtigste. Weil dann kann ich mich noch mal bei den Leuten aufregen über meine blöden Arbeitskollegen. Das ist es, was mir Spaß macht, dieses Runterkommen vom Tag.

Ich: Dem Spiel wird in den Medien nachgesagt, dass es süchtig macht. Wie erlebst du das bei dir?

Wuzzi: Auf jeden Fall. Ich merke es ganz schlimm, also ich bin der Ansicht, dass ich es unter Kontrolle habe, auch wenn mein Freund das zum Teil, glaube ich, anders sieht. Aber wenn ich so Phasen habe, z.B. wenn ich Urlaub habe und habe nichts geplant und allein zu Hause bin, dann spiele ich mehr. Und dann merke ich schon, wenn ich dann wieder arbeiten gehe, und weniger spielen kann, dass ich dann schon merke „Du könntest jetzt noch mehr spielen!". Ich merke, dass das Spiel wirklich süchtig macht. „Die eine Instanz kannst du jetzt noch schnell machen.!" Und schon spielst du noch ein Stündchen länger, du machst dieses und jenes noch.

Ich: Man hat immer was zu tun in dem Spiel?

Wuzzi: Genau. Die Gefahr ist auch wirklich groß, dass man die Zeit in dem Spiel vergisst.

Ich: Kannst du das etwas genauer erklären?

Wuzzi: Es ist nicht so, dass man das Spiel hat wie damals zu Nintendo-Zeiten beim Gameboy „Mario-World" oder so. Man spielt das Spiel und es hat ein Ende und man ist fertig, so. Sondern bei World of Warcraft kann man wirklich spielen ohne Ende. Es gibt immer was Neues zu entdecken, etwas Neues, was man machen kann. Und dadurch ist dann die Gefahr da, dass man, wenn man nicht von vorneherein sagt „Hier ist mein Limit. So lange spiele ich jetzt!", dass man dann sagt „Ich mache jetzt noch etwas und noch etwas und noch etwas.". Man verliert einfach irgendwo den Rahmen.

Ich: Mit ‚Rahmen verlieren' meinst du, dass man dann Stunde um Stunde spielt und nicht auf die Zeit schaut?

Wuzzi: Ganz genau, ja.

Ich: Ist dir das schon passiert?

Wuzzi: Ja. *lacht* Das kann ich konsequent bestätigen.

Ich: Du hast eben gesagt, du würdest sagen, du seiest nicht süchtig, aber dein Freund würde das vielleicht ein wenig anders sehen. Warum meinst du das?

Wuzzi: Das liegt daran, dass zum Teil die Abendplanung ganz schlimm ist. Ich habe häufiger mal keine Lust. Und wenn meine Freunde dann in die Disko gehen, und ich habe keinen Bock mitzugehen und spiele dann halt lieber oder schaue fern oder sonst irgendetwas. Mein Freund denkt halt immer, ich will nicht mit, weil ich lieber spielen möchte. Er hat halt früher selber gespielt und weiß daher, wie süchtig das machen kann, er hat sehr viel gespielt, ich habe es gar nicht gespielt ganz am Anfang. Seit er nicht mehr spielt, fühlt er das halt anders als ich. Ich denke mal, dass die Realität ein wenig verfälscht wird, wenn man selber spielt. Man denkt halt ‚Ok, ich spiele ja NUR zwei Stunden am Tag.', aber jemand, der jetzt vielleicht den ganzen Tag am Arbeiten ist und nicht spielt, sagt ‚Ok, zwei Stunden am Tag sind viel.'. Ich denke einfach, dass wenn man selber spielt, dann empfindet man das ganz anders. Als ich noch nicht gespielt habe, habe ich auch gedacht „Jeden Tag zwei Stunden spielen, du bist ganz schön krank!".

Ich: Wieviel spielst du jetzt im Moment?

Wuzzi: In der Woche, wenn ich arbeiten bin, spiele ich eher weniger, da bin ich meistens online und rede mit den Leuten, aber spiele nicht wirklich. Ich bin einfach nur am Reden oder sitze einfach nur da, mache meistens gar nichts und bin einfach nur eingeloggt. Wirklich spiele so in der Woche ein bis zwei Stunden in der Woche, am Wochenende meistens mehr.

Ich: Was würdest du sagen, wie lange bist du im Spiel drinnen? Pro Woche? Allein dass du eingeloggt bist?

Wuzzi: Zwei bis drei Stunden pro Abend schon, am Wochenende halt mehr.

Ich: Das wären ca. 20 Stunden.

Wuzzi: Auf jeden Fall. Ein ganzer Tag. *lacht*

Ich: Würdest du dich als Vielspieler bezeichnen?

Wuzzi: Ich bin auf jeden Fall im oberen Mittelfeld. Es gibt natürlich Spieler, die spielen mehr. Manche studieren und sind deswegen mehr zu Hause, oder Arbeitslose. Da sind andere noch drüber. Wenn ich den ganzen Tag arbeite, dafür spiele ich schon viel, finde ich, ja. Ich habe auch Phasen. Phasen, wo ich absolut keine Lust habe zu spielen, wo ich auch einmal eine Woche lang gar nicht online kommen kann oder irgendwas mache, aber es gibt auch Phasen, wie z.B. wenn ich gerade Urlaub habe und mich wirklich den ganzen Tag zu Hause langweile, dann gewöhne ich mich einfach daran fünf oder sechs Stunden am Stück zu spielen.

Ich: Wo ist bei dir die Grenze erreicht, ab der du sagen tätest ‚Ich bin süchtig!"?

Wuzzi: Ich würde das von mir selber behaupten, wenn ich überhaupt keine Lust mehr hätte irgendwelche anderen Sachen zu machen. Wenn ich ständig Verabredungen absagen würde und wenn ich für das Spiel auch andere Privatsachen vernachlässigen würde. Ich weiß nicht, inwiefern ein Süchtiger das dann selber merkt, aber ich denke, ich bin schon so realistisch, dass ich sagen kann ‚Ok, jetzt hast du vielleicht zu viel gemacht!" und dann die Grenze ziehen würde. Aber wenn man wirklich private Sachen vernachlässigen würde, Freunde, Familie oder sonst was für das Spiel, ich denke, da ist die Grenze.

Ich: Wie erlebst du das, dass das Spiel süchtig macht, bei anderen Leuten?

Wuzzi: *lächelt und denkt angestrengt nach* Ich muss jetzt keine Namen nennen, oder?

Ich: Nein.

Wuzzi: Ich finde es schade, dass wirklich viele Leute ihren Tagesablauf nach dem Spiel richten. Und dass sie sagen ‚Oh, ich möchte heut nicht ins Kino gehen, ich möchte lieber spielen.'. Ich habe jemanden in meinem Bekanntenkreis, ein Freund von mir und meiner Schwester, der gar nichts mehr macht seit einem halben Jahr. Er ist überhaupt nicht mehr ansprechbar. Der hat sein Studium abgebrochen, einfach um zu spielen. Ich kenne andere Leute, die eigentlich jung sind und nicht dumm sind. Eine Person, die denke ich auch gute Chancen auf einen guten Job hätte, aber ich denke mal, die sich sehr fallen lässt, einfach weil es leichter, ist und man könnte dann ja auch weniger WoW spielen.

Ich: Was meinst du mit ‚Er lässt sich fallen.'?

Wuzzi: Das Problem ist, dass diese Person ein sehr geringes Selbstbewusstsein hat und denkt, er ist dumm. Er kommt aus einem schlechteren Familienhaus und hat sich jetzt so daran gewöhnt, den ganzen Tag nur WoW zu spielen. Er macht überhaupt keine Anreize mehr, einen Job zu finden oder einfach mal aus dem Haus zu kommen. Und das finde ich schon schade. Ich freue mich, wenn ich mit dieser Person reden kann, weil die Person da ist, wenn ich spiele, aber andererseits denke ich mir, es gibt da noch eine andere Welt da draußen.

Ich: Hast du noch andere Erfahrungen gemacht, dass dieses Spiel süchtig macht?

Wuzzi: Nicht viel, als ich noch mit anderen Leuten zusammen gespielt habe, hatten wir jemanden, der unser Gildenanführer war. Er hat z.B. sein eigenes Kind, wenn er arbeiten war oder wenn er abends auf Party gegangen ist, spielen lassen. Das musste er, damit der Vater keinen Nachteil hatte gegenüber anderen Spielern. Dafür habe ich überhaupt kein Verständnis für solche Leute.

Ich: Wie entsteht Computerspielsucht deiner Meinung nach?

Wuzzi: Das ist eine ganz gemeine Frage, denn das fragen sich glaube ich sämtliche Experten auf dieser Welt. *lacht* Zum einen brauchst du ein Spiel, was irgendwie die Leute fesseln kann, und auf der anderen Seite brauchst du auch die Spieler, die sich fesseln lassen von so einem Spiel. Jeder Mensch hat einen anderen Charakter. „Tetris" ist ein Spiel, wo den ganzen Tag Blöcke runter fallen. Ich glaube nicht, dass dies einen Spieler jahrelang fesselt, aber gerade Onlinespiele, wo man mit anderen Leuten Kontakt hat und mit anderen Leuten Beziehungen aufbauen kann, so was kann Leute viel eher fesseln. Computerspielsucht betrifft auch oft Leute, die keine anderen Perspektiven haben. Es ist sehr oft, dass es Leute sind, die wirklich keinen Job haben und sich dann in irgendwelche Onlinewelten reinflüchten oder Leute, die einfach soziale Probleme haben, dass die halt schwierig Leute kennen lernen bzw sich nicht trauen, andere Leute kennen zu lernen, die auf diesem Weg Beziehungen knüpfen. Und wenn dann so was über ein Spiel erfolgt, dann kann schnell eine Sucht entstehen.

Ich: Du sagtest eben ‚Es fesselt.'. Wieso fesselt WoW?

Wuzzi: WoW ist nicht einfach ein starres Spiel. Das Spiel verändert sich, d.h. man hat wirklich immer wieder etwas Neues zu erleben. Dann spielt man mit anderen Leuten zusammen. Manche Leute mag man, mit denen macht man mehr zusammen, mache mag man nicht, mit denen macht man weniger zusammen. Dann lernt man wieder neue Leute kennen. Also es ist nicht so, dass es ein starres Spiel wäre, es verändert sich einfach. Dadurch bleibt man da dran.

Ich: Es fesselt dich, weil die Sozialkontakte da sind?

Wuzzi: Genau, das ist bei mir zumindest so.

Ich: Glaubst du es könnte noch andere Gründe geben, weswegen dieses Spiel fesselt?

Wuzzi: WoW ist ein Onlinespiel, was sehr benutzerfreundlich ist. Es ist wirklich einfach zu bedienen. Es gibt in dem Spiel verschiedene Anreize, Sachen, die man erreichen kann, für die man Belohnungen kriegt. Entweder kriegt man tolle Titel, die man dann über seinem Charakter einblenden kann und sagen kann ‚Hier, ich bin was Tolles!" oder man kriegt virtuelle Reittiere geschenkt, und man sagt „Hier, ich bin der tollste Hengst auf dem Server, weil ich dieses Reittier habe!", und dadurch sollen Leute, die Wert auf so was legen, solche Statussymbole, die werden dadurch stärker an das Spiel gebunden.

Ich: Verstehe ich dich richtig, dass diese Spieler durch diese Belohnungen individueller werden, sich von den anderen Spielern absetzen, dadurch, dass sie was Besonderes haben?

Wuzzi: Zum Teil.

Ich: Du sagst ‚Zum Teil.' nur?

Wuzzi: Durch manche Sachen wird man individueller, durch manche Sachen kann man aber auch einen gewissen Status darstellen. Z.B. ‚Ich habe schon so und so viele Sachen erreicht, ich habe jetzt den Titel, ich bin jetzt der Tollste auf dem Server.' Dass man den anderen beweisen will ‚Ich bin toller als du!'.

Ich: Also Anerkennung kriegen?

Wuzzi: Genau.

Ich: Ich gehe noch mal auf einen anderen Bereich ein, und zwar nicht auf die Computerspielsüchtigen, sondern auf die Normalen Spieler. Welche Tipps würdest du anderen Spieler geben, damit sie die Kontrolle über das Spiel behalten?

Wuzzi: Von Anfang an feste Limits setzen. Dass man sich von Anfang an klar macht, ich spiele nur fünf Stunden pro Woche. Bei WoW gibt es z.B. auch die Möglichkeit – das ist auch gerade für Kinder gedacht, kann man aber auch als Erwachsener machen – dass wenn man weiß, ich könnte die Kontrolle verlieren und zu lange spielen, dass man über seine Accountverwaltung jemand anderem ein spezielles Passwort einrichten lässt. Und der kann das Spiel so frei geben, dass man nur zu bestimmten Uhrzeiten am Tag spielen kann. Es ist eigentlich für Kinder gedacht, dass Eltern z.B. sagen ‚Mein Kind darf nur bis 21 Uhr abends spielen.', dann geht um 21 Uhr das Spiel aus und man kriegt auch keine Verbindung mehr. Wenn man seinem Willen nun überhaupt nicht traut, dass man das dann halt so einschränken kann. Aber grundsätzlich sollte man sich bewusst machen, dass man darauf achtet, dass man sich an seine Grenzen hält und sich sagt ‚Ok, ich spiele heute nur zwei Stunden und dann mache ich aus.', und dass man das dann auch wirklich durchzieht.

Ich: Also ein Tipp von dir wäre zu sagen: Begrenze deine Stundenzahl.

Wuzzi: Genau.

Ich: Hast du noch weitere Tipps?

Wuzzi: Bei WoW ist das halt sehr schwierig, weil es sehr süchtig macht. Man muss sich auf jeden Fall bewusst machen, ob man wirklich wegen eines Spiels seine Freunde oder Familie vernachlässigen will. Man muss halt daran denken. Und am besten sogar zu meinen Freunden sagen ‚Hallo, wenn ihr merkt, ich spiele zu viel, dann rüttelt mich auf!'. Man sollte auch wirklich darauf achten, dass man ein ausgewogenes Verhältnis hat, zwischen Spielen, arbeiten und irgendwelchen anderen Sachen. Also nicht nur einmal monatlich mit seinen Freunden weggeht, aber 30 Tage im Monat spielt, sondern dass man wirklich versucht, ein ausgewogenes Verhältnis zu finden.

Ich: Was sollte deiner Meinung nach getan werden, um Computerspieler davor zu schützen süchtig zu werden? Du hast schon die Gruppe der Eltern und der Freunde angesprochen.

Wuzzi: Genau.

Ich: Bei den Eltern hattest du gesagt, dass sie die Kontrolle über das Spiel herstellen, indem sie das spezielle Passwort in die Accountverwaltung eingeben können. Was könnten Eltern noch tun?

Wuzzi: Also grundsätzlich sollte es der letzte Schritt der Eltern sein, dass sie das über so eine Elternsperre machen. Eigentlich sollten Eltern so auf ihre Kinder einwirken, dass sie sagen ‚Ok, du darfst jetzt eine oder zwei Stunden pro Tag spielen, wenn du im Ausgleich dafür deine Hausaufgaben gemacht hast.' Ich kenne das von meiner Arbeitskollegin. Der Sohn wollte seit Jahren unbedingt WoW haben, und jetzt, wo er sechzehn ist, hat sie es ihm erlaubt. Aber wirklich erst die Bedingung: Erst Hausaufgaben machen, dann darf er spielen. Und sobald er sich an die festen Grenzen nicht hält, wird das Spiel ausgemacht und gut ist. Dass da wirklich auch die Eltern konsequent sind. Und auch wenn Freunde merken, man schottet sich ab, oder wenn Freunde den Eindruck gewinnen, dass man zu viel spielt, dass die auch rechtzeitig ein Signal geben und sagen ‚Stimmt irgendwas nicht? Warum lässt du dich nicht mehr blicken?' Weil meistens ist es ja so, dass es Spielsüchtigen als letztes klar wird, dass sie zu viel spielen. Meistens merkt man es erst, wenn man darauf angesprochen wird.

Ich: Man merkt erst, dass man süchtig ist, wenn es zu spät ist? Wie meinst du das?

Wuzzi: Bei mir war das letzte Woche z.B. so. Da war ich krank und den ganzen tag zu Hause, war allein und wusste nicht, was ich mit meiner Zeit anfangen sollte außer Fernsehen und spielen. Da hab ich sehr viel gespielt. Und dieses Schema habe ich dann fortgeführt, auch am Wochenende. Und am Wochenende war mein Freund da, der natürlich gesagt hat ‚Sag mal, merkst du nicht, dass du es übertreibst? Ich kenne dich gar nicht mehr anders als vorm PC sitzend! Ich kenne dich nur noch mit einem Head-Set auf dem Kopf!'. In dem Moment ist mir erst bewusst geworden, wie viel ich eigentlich gespielt hatte in der Woche. Da war es in dem Moment schon zu spät, so dass er sauer war. Eigentlich hätte ich selber merken müssen ‚Ok, du hast ganz schön viel gespielt die Woche, jetzt ist Wochenende, jetzt lässt du es mal ein bisschen ruhiger angehen und machst mal ein bisschen weniger. Mir war das gar nicht bewusst, bis er mich darauf angesprochen hat.

Ich: Das ist dann eine große Gefahr, wenn man es selber nicht merkt?

Wuzzi: Ja, gerade wenn man ein labilerer Charakter ist. Jemand, der eher Probleme draußen hat und sich gerne in etwas reinflüchtet, das sind wohl die letzten, die zugeben täten, dass sie da ein Problem haben. Die brauchen eher Unterstützung, als welche, die einen stärkeren Charakter haben.

Ich: Was können Eltern noch tun?

Wuzzi: Alternativen aufzeigen, außerhalb des Computers, z.B. für jede Stunde, die du spielst, gehst du eine Stunde in den Sportverein. Dass ein Kind wirklich sieht ‚Will ich jetzt wirklich spielen oder ist mir einfach nur langweilig? Macht mir Sport vielleicht noch mehr Spaß, damit ich gar nicht spielen muss?'. WoW ist nun eines der Spiele, wo man Kontakt zu anderen Leuten hat, aber es gibt andere Spiele, wo man alleine vor sich hin spielt, die sind glaube ich noch schlimmer.

Ich: Fällt dir noch jemand ein, der was dafür tun könnte, dass die Computerspieler nicht süchtig werden?

Wuzzi: Seit dem Attentat letzten Monat kommt ja mal wieder die Diskussion auf mit der Regierung – inwiefern kann die Regierung einschreiten? Altersbegrenzungen machen. Grundsätzlich die Spiele begrenzen. Es gibt ja auch Diskussionen, dass die Spielehersteller auch von vorne herein solche Begrenzungen einstellen, so dass man pro Tag z.B. nur vier Stunden spielen kann. Aber wie soll man erwachsenen Menschen vorschreiben, wann er spielen darf und wann nicht? Es ist immer schwierig zu sagen, dass die Verantwortung von dem einen zum anderen geschoben wird. Jeder Mensch ist individuell. Ich halte deswegen nichts von irgendwelchen gesetzlichen Vorschriften.

Ich: Also würdest du den Staat als Hilfestelle ausklammern?

Wuzzi: Ja. Grundsätzlich bin ich der Ansicht, sollte das nähere Umfeld dies tun. Erst er selbst, und wenn er es selber nicht merkt, dann Familie und Freunde, seine Lehrer. Halt alle, die näher mit ihm zu tun haben.

Ich: Jetzt hast du gerade Lehrer als weitere Gruppe genannt. Was können die tun?

Wuzzi: Ist die Frage, wie aufmerksam Lehrer heutzutage noch sind. In so überfüllten Klassen kriegen sie es nicht so mit, wenn jemand in den Pausen nur über Computerspiele redet und total übernächtigt in die Schule kommt, weil er die Nacht durchgespielt hat. Aber wenn Lehrern auffällt, dass irgendwer abdriftet und die kriegen das mit – meistens redet man in den Pausen in der Schule oder auf der Arbeit darüber – , dass dann an die Eltern rangetreten wird und da mal Gespräche geführt werden.

Ich: Die Lehrer sollen also aufmerksamer sein und dann die Eltern als erstes kontaktieren?

Wuzzi: Genau. Aber in Verbindung mit dem Schüler. Weil sonst ist wieder das

Problem, weil sonst eine Abwehrhaltung entsteht. Jeder war mal Teenager. *lacht* Da weiß man ja, wie so was ankommt.

Ich: Du hast bis jetzt unterteilt gehabt in jugendliche Spieler und erwachsene Spieler. Siehst du Möglichkeiten wie man erwachsene Spieler schützen kann?

Wuzzi: Das kann halt wirklich nur aus dem Freundes- und Bekanntenkreis kommen. Ich habe auch einen Arbeitskollegen, der musste nachts seinen Computer anlassen, um was für das Spiel runterladen zu können. Und da hat er den Computer nachts laufen lassen, damit er es auch ja noch an dem Tag runtergeladen kriegt und hat dann dafür extra in einem anderen Zimmer geschlafen. Da hab ich auch gesagt: ‚Übertreibst du es nicht ein wenig? Reicht das jetzt nicht? Ich meine, dass ist doch nur ein Spiel! Du stirbst doch nicht, wenn du es erst morgen runtergeladen bekommst.' Man muss die Leute auf so ein komisches Verhalten aufmerksam machen, wenn man das merkt.

Ich: Du hattest eben noch die Spielehersteller genannt. Was können die tun, damit die Computerspieler geschützt werden?

Wuzzi: Die Spielehersteller interessiert das nicht. Für sie ist es doch das Lukrativste, wenn die Spieler süchtig sind. Je mehr Spieler, umso mehr Einnahmen. Je länger die Spieler auch bei dem Spiel bleiben. Das ist ja gerade wie bei WoW, wo das Spiel ständig erweitert wird, wenn die Leute abhauen würden, hätten sie weniger Einnahmen, als wenn ein Spieler jahrelang dabei ist. Die Forderungen sind ja da, dass die Spielehersteller ihre Altersbegrenzungen hochsetzen. Nur ist die Frage, wie das wirklich klappt. Selbst wenn ein Spiel ab 16 ist, kann man das Spiel einem Kind besorgen, von einem älteren Mitspieler oder Freund. Der spielt das dann trotzdem. Da sind die Spielehersteller aber auch schon an ihr Limit angekommen, was sie machen können. Die Hersteller sitzen halt woanders und sehen nicht, ob ein Spieler gerade im echten Leben zehn Termine abgesagt hat für das Spiel. Das sehen die ja nicht.

Ich: Fällt dir noch etwas ein, was du sagen oder ergänzen möchtest?

372 **Wuzzi: Im Ladebildschirm von WoW stehen immer Tipps zum Spiel. Und da kann**
373 **man Glück haben und dann steht da so etwas wie ‚Führe deine Freunde in WoW**
374 **ein, aber mach mit ihnen auch außerhalb etwas.' Oder so ähnlich. Aber wie oft**
375 **kommt diese Nachricht und wie oft loggt man sich ein?**

Printed in Poland
by Amazon Fulfillment
Poland Sp. z o.o., Wrocław